AF291180

FOOTBALL

ATTIRER POUR PASSER LE BALLON

50 EXERCICES D'ENTRAÎNEMENT

Manuel Jesús Crespo García

Titre : FOOTBALL. ATTIRER POUR PASSER LE BALLON. 50 EXERCICES D'ENTRAÎNEMENT

Auteur : MANUEL JESÚS CRESPO GARCÍA
Correction du texte : MANUELA CASTILLO SOLER

Editeur : WANCEULEN EDITORIAL
Collection : WANCEULEN EDITORIAL DEPORTIVA

ISBN (Papier couleur): 978-84-18831-85-0
ISBN (Ebook): 978-84-18831-86-7
ISBN (Papier noir et blanc): 978-84-18831-87-4

Dépôt Légal : SE 1464-2021

Imprimé en Espagne.
C/ Cristo del Desamparo y Abandono, 56 - 41006 Sevilla
Site Internet : www.wanceuleneditorial.com y www.wanceulen.com
Email: info@wanceuleneditorial.com

TABLE DES MATIÈRES

INTRODUCTION

Dans l'initiation au monde de l'entraînement, il est très courant d'essayer de trouver une recette ou une formule qui réponde à nos besoins et qui couvre les éventuelles lacunes que nous avons en termes de connaissances ou de capacités.

La complexité et la diversité du jeu nécessitent d'en avoir connaissance pour son enseignement et pour son apprentissage dans certains cas.

Le football évolue et de nouveaux concepts apparaissent avec une diversité d'interprétations pour s'adapter aux différents courants avec lesquels nous sommes plus liés. Cependant, je crois que tout peut être adapté et utilisé tant qu'il y a un bon argument et que nous ne nous laissons pas attirer par les dogmes.

Ce livre de devoirs ne se veut pas une réponse mathématique au besoin d'un entraîneur de trouver des solutions aux problèmes. L'intention est de pouvoir gérer des ressources, de les adapter à notre réalité d'entraînement et qu'elles puissent nous introduire et nous guider pour atteindre les objectifs visés en entraînement.

J'ai réduit l'utilisation de matériel pour simplifier et pouvoir atteindre n'importe quel niveau de ressources et qu'ils puissant être réalisés dans n'importe quel contexte, sans avoir besoin de matériaux qui entravent leur réalisation.

Il existe différents types d'exercices pour améliorer le domaine collectif de tout support que nous voulons que notre équipe gère lors du développement des jeux. Selon la méthodologie utilisée, la durée, les espaces, le nombre de joueurs ... peuvent varier pour satisfaire notre modèle de jeu.

Ensuite, je sélectionnerai différents exercices, des plus simples aux plus complexes, pour pouvoir travailler sur le concept d'attirer pour passer au sein des exercices et qu'elles peuvent faire partie de différents modèles de jeu puisque, selon les demandes de chaque coach et à la méthodologie à utiliser, il doit les mettre en place là où il le juge approprié. Ces exercices manquent de contexte et de stratégie opérationnelle, pour lesquelles elles devront être adaptées par le coach à toutes les variables qui, selon lui, peuvent avoir un impact sur le développement du jeu de son équipe et ses caractéristiques.

Toutes les exercices proposés n'auront pas leur propre contexte, ni celui de l'adversaire, de la concurrence et de la situation pour le développement de la stratégie opérationnelle et du modèle de jeu.

Castellano et Casamichana (2016) proposent ce tableau de classement des exercices en fonction des mètres carrés par joueur et des demandes qui seront exigées des joueurs :

Mètres carrés/ Joueur	1<2	3<4	5<7	8<10
<50	Force		Récupération	
<100	Force		Récupération	
<200	Frecuencia cardiaque		Velocidad	
>200	Frecuencia cardiaque		Velocidad	

Dans ce livre, le nombre de joueurs ainsi que la division et la répartition des espaces seront indiqués. Cependant, pour que l'exercice soit adaptéeà chaque équipe, à la condition physique des joueurs, au modèle de jeu et à la méthodologie, chaque entraîneur doit l'adapter en termes de mètres, distances, espaces et même le nombre de joueurs dans certains cas un meilleur développement avec votre équipe.

Les exercices n'auront pas de limites de touches, de contacts ou de coups pour atteindre notre objectif, car il y aura des joueurs qui auront besoin ou décideront d'en utiliser un plus grand nombre en raison des besoins du jeu, en raison des conditions techniques ou des conditions de développement physique. Cependant, comme il s'agit d'exercices ouverts, le coach peut les conditionner s'il le juge nécessaire ou approprié pour atteindre les bénéfices escomptés en connaissant la réalité à laquelle ils vont être exposés.

ATTIRER POUR PASSER LE BALLON

Vous n'avez qu'à regarder un match de tennis pour connaître le pouvoir hypnotique d'une balle dans n'importe quel sport. Dans le football, il y a des particularités qui le rendent plus unique, il y a 22 participants dans le jeu et un seul d'entre eux a le ballon tandis que les autres regardent pour voir où il va. Le ballon peut être en possession d'une équipe et l'autre la poursuit, il peut être dans les airs, 2 joueurs peuvent se le disputer et les 20 autres regarderont pour voir où il "tombe" après la dispute, ... Toutes ces actions qui se produisent dans les jeux, font tourner le jeu autour du ballon.

Il faut avoir moins de distance avec son adversaire si le ballon est proche, si le ballon vient vers nous il faut accommoder son corps pour le contrôler ou pour changer sa trajectoire, il faut anticiper où il va tirer pour le contrôler ... Le ballon a une grande puissance de séduction pour les joueurs (et le spectateur) et conditionne l'attitude des joueurs.

Les moyens ou ressources technico-tactiques qu'une équipe peut utiliser seront étroitement liés au ballon. Les équipes, quelle que soit leur nature ou quel que soit leur style, adopteront toujours certaines attitudes vis-à-vis du ballon qui les définiront.

L'objectif principal des entraîneurs est d'essayer que dans le match tout ce que nous souhaitons se passe et que l'adversaire se «soumette» à notre jeu, soit en prenant l'initiative, soit en le laissant avancer et en pouvant ensuite profiter des espaces laissés derrière.

Pedro Gómez (2014) dit: Lorsque nous parlons de la phase offensive dans le football, nous parlons de la phase dans laquelle l'équipe a le ballon et effectue toutes les actions pour :

- *Garder le ballon et ne pas le perdre*

- *Avancez vers le but adverse (avec le ballon).*

- *Marquer un but (mettre le ballon dans le but).*

Lorsque nous parlons de la phase défensive, dans laquelle nous n'avons pas le ballon, nous pouvons dire que nous essayons:

- *Prendre le ballon à l'adversaire*

- *L'empêcher d'avancer vers notre but (avec le ballon).*

- *Éviter le but (que le ballon n'entre pas dans le but).*

Le jeu de position consiste à attirer l'adversaire, en conservant la possession du ballon, pour trouver plus tard des joueurs plus avancés, en relâchant la pression sur les lignes de front des joueurs et en se dirigeant vers le but opposé, pour générer des espaces libres, les occuper et arriver dans une situation de supériorité sur les zones de finition.

Pour l'usage de cette tendance, stratégie pour affronter les jeux, modèle de jeu ou conception de celui-ci, le concept d'attirer pour passer devient fondamental pour son développement, la construction du jeu et pour la réalisation de ses objectifs.

Dans le livre *Senda de Campeones* de Martí Perarnau, Xavi explique ce qu'est pour lui le concept de «l'homme libre» et montre comment l'une des façons de le trouver est d'attirer des adversaires, de libérer ses coéquipiers et de passer le ballon:

> *Chercher l'homme libre, c'est, par exemple, quand les centres ont le ballon et l'un d'eux est toujours libre parce que vous avez toujours un défenseur de plus que des attaquants adverses. Dans ce cas, Puyol monte, monte et monte jusqu'à ce qu'un adversaire sorte. Si celui qui essaie de l'arrêter est mon marqueur, alors l'homme libre se trouve être moi. Si le marqueur d'Iniesta se réalise, Andrés est l'homme libre. Et donc nous recherchons la supériorité dans n'importe quel partie du terrain. Vous faites un trois contre deux, vous gagnez et vous avez déjà l'homme libre. Nous avançons de position.*

Attirer les joueurs pour qu'ils passent le ballon fait partie du développement du jeu de position pour progresser dans le jeu. Cependant, c'est aussi un moyen de conserver la possession dans une situation défavorable de "se sentir sous pression", même si l'on ne progresse pas dans le jeu. Il existe plusieurs façons de mettre en œuvre ce concept ou cette idée dans le jeu :

- Diriger pour attirer. Amenez le ballon vers un adversaire qui est avec un coéquipier, pour attirer son attention, pour pouvoir le libérer de la marque et lui passer le ballon.

- Passer pour attirer. Passer le ballon avec un coéquipier pour inciter l'adversaire à quitter sa position et à libérer un coéquipier.

- Éloigner le ballon pour passer. Faites venir l'adversaire en mettant le ballon hors de portée.

- Accumuler pour passer. Accumuler les joueurs dans une zone et garder le ballon à l'intérieur, et quand ils arrivent, changer de zone.

- Arrêter le ballon pour passer. Faire venir un adversaire pour me bloquer afin de libérer un coéquipier.

- Diviser vos adversaires. Créer de l'incertitude chez les adversaires pour générer des déséquilibres dans les marqueurs dans les couloirs intérieurs et passer.

- Occuper des postes intermédiaires. Jouez entre les lignes et échelonné pour que les défenses de l'adversaire soient déséquilibrées, abandonnent leurs positions et passent à des joueurs plus avancés.

- Supériorités numériques. Provoquez des situations momentanées de supériorité numérique pour libérer les joueurs de la marque lorsque leurs adversaires directs sont attirés et passez-leur le ballon.

- Définissez les opposés. Attirez l'attention sur la position ou les attitudes d'un ou plusieurs adversaires afin qu'ils doivent concentrer leur intérêt et leurs actions, ils ne peuvent pas assister à l'évolution de leurs coéquipiers et vous pouvez passer le ballon à ceux qui sont libres.

Le ballon a un niveau de séduction qui n'est comparable à aucun autre élément. Le ballon est le centre du jeu. Bien que beaucoup d'entre nous pensent que le joueur est la partie la plus importante du jeu, le joueur est la partie la plus importante de l'entraînement, le ballon le dépasse en attirant le regard de tous les participants, en conditionnant toutes leurs décisions et mouvements et est même un canal de communication et un «transporteur d'émotions».

Les stimuli et indicateurs pour lancer le concept d'attirer à passer seront des stimuli et des indicateurs du jeu pour identifier clairement le moment pour le réaliser. Passer ou attirer des joueurs après un stimulus auditif (voix de l'entraîneur, sifflet ...) ou tout autre qui n'a rien à voir avec ce qui pourrait se passer dans un match (montrer une couleur, l'avertissement d'un entraîneur ou d'un coéquipier, ...) Nous aidera à améliorer la vitesse de réaction, mais pas celle spécifique du milieu ou principe d'attirer à passer; avec lequel, ceux utilisés seront transférés au jeu et pourront être adaptés par le coach en fonction de la réalité à laquelle il va les exposer.

SYMBOLIQUE

JOUEURS ÉQUIPE A	⚪
JOUEURS ÉQUIPE B	⚫
JOUEURS ÉQUIPE C	🟡
BALLON	⚽
MOUVEMENT DE JOUEUR SANS BALLON	
PREMIÈRE TOUCHE DIRIGÉ	
DÉPLACEMENT DU BALLON	
MANIPULATION DU BALLON	
PASSER LE BALLON AU-DESSUS	
TIR AU BUT	

FOOTBALL
ATTIRER POUR PASSER LE BALLON

50 EXERCICES
POR L'ENTRAÎNEMENT

Tâche N° 1	Principal Objectif	Améliorer le concept d'attraction pour passer
	Joueurs	4 (2x1+P)

Explication

Le joueur qui se trouve en dehors du rectangle doit le traverser pour marquer un but. Dans le rectangle, il y a un coéquipier et un adversaire qui attendent et il devra les attirer pour passer le coéquipier, finir le jeu et marquer un but.

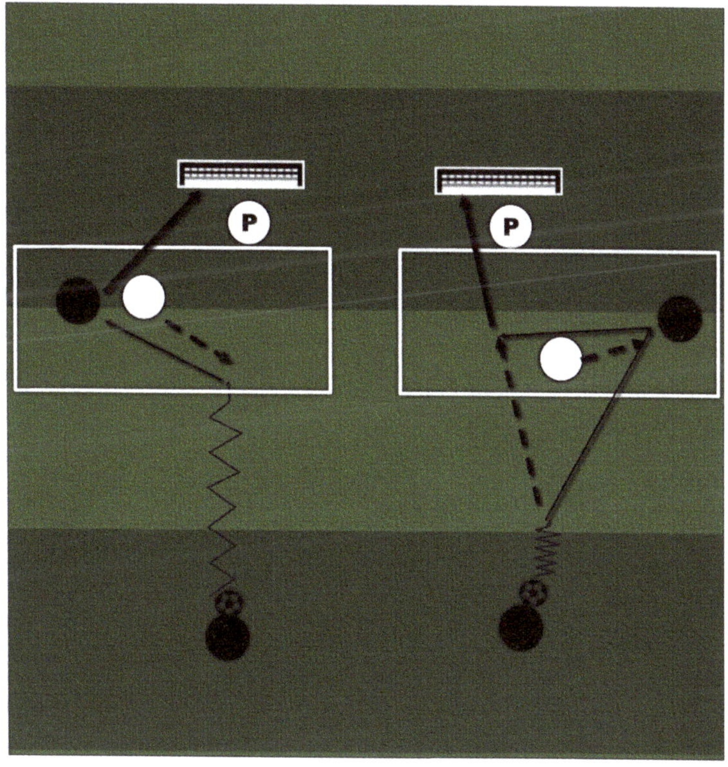

Tâche N° 2	Principal Objectif	Améliorer le concept d'attraction pour passer
	Joueurs	8

Explication

Les joueurs répartis comme dans l'image. Les deux joueurs du milieu ont le ballon pour attirer les deux joueurs adverses qui vont aller faire pression sur eux. Lorsqu'ils sont sous pression, ils peuvent jouer avec un des joueurs de coin pour attaquer un des buts.

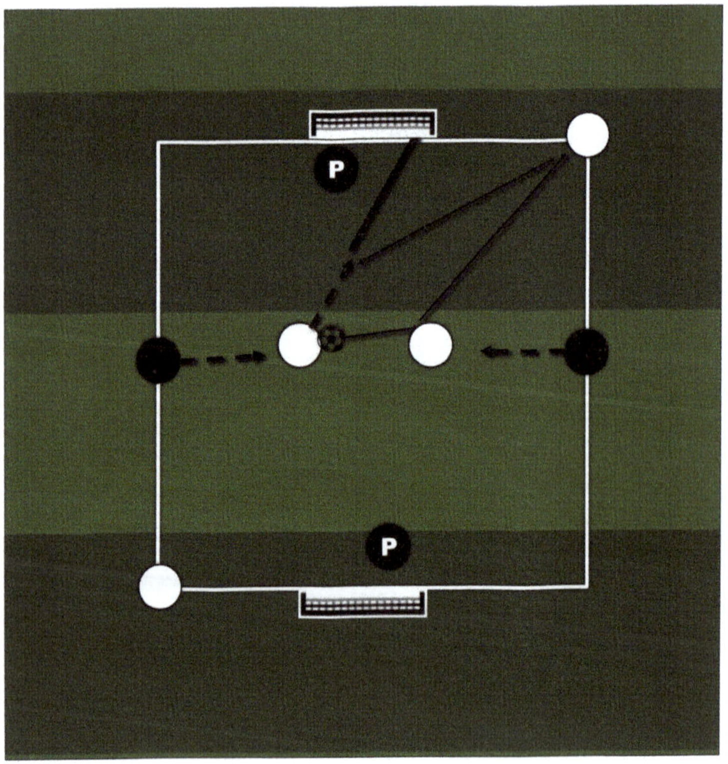

Tâche N° 3	Principal Objectif	Améliorer le concept d'attraction pour passer
	Joueurs	7

Explication

Les joueurs répartis comme dans l'image. Le joueur du milieu a le ballon et essaie d'attirer les deux joueurs rivaux qui vont lui mettre la pression. Lorsqu'ils sont sous pression, il peut jouer avec un des joueurs de coin pour attaquer un des buts.

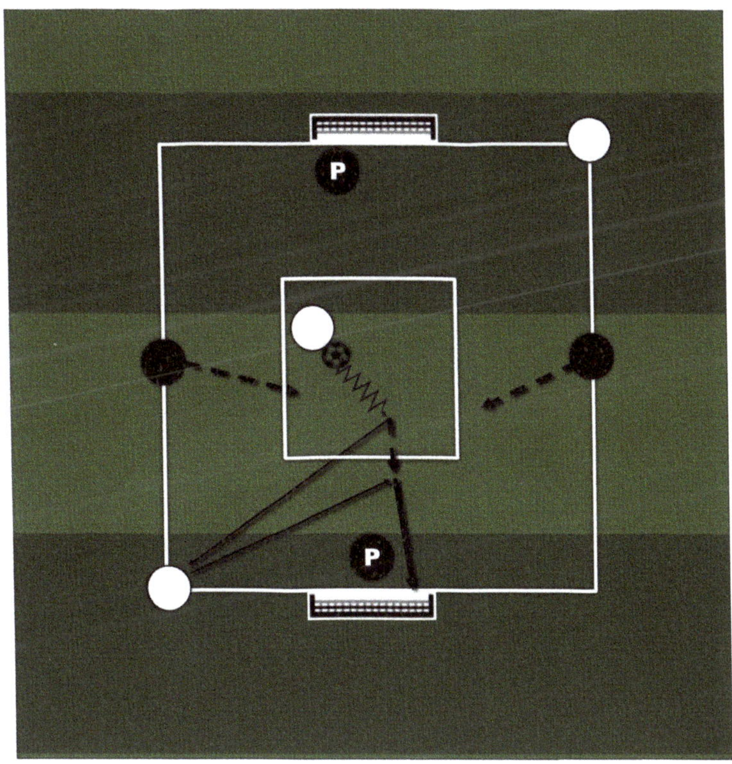

Tâche N° 4	Principal Objectif	Améliorer le concept d'attraction pour passer
	Joueurs	6 (1+2x2+P)

Explication

Les joueurs répartis comme dans l'image. Le joueur du milieu passera avec le joueur le plus éloigné du but et lorsque les joueurs de l'autre équipe entrent pour appuyer, ils passeront au coéquipier près du but (qui sera démarqué) pour attaquer.

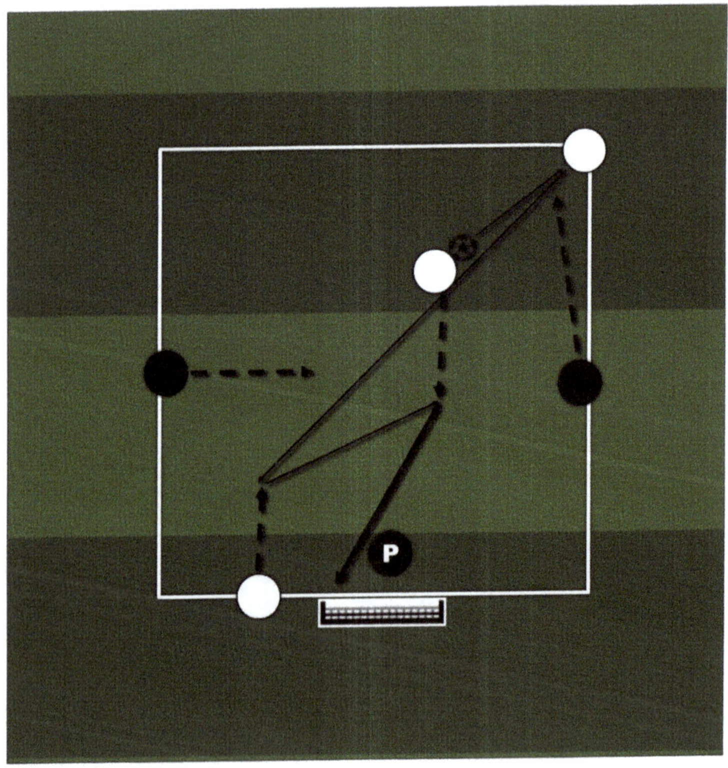

Tâche N° 5	Principal Objectif	Améliorer le concept d'attraction pour passer
	Joueurs	6 (1+2x2+P)

Explication

Les joueurs répartis comme dans l'image. Les 2 joueurs les plus éloignés du but se passeront le ballon entre eux et lorsque les joueurs de l'autre équipe entreront pour presser, ils passeront au coéquipier qui décochera pour attaquer.

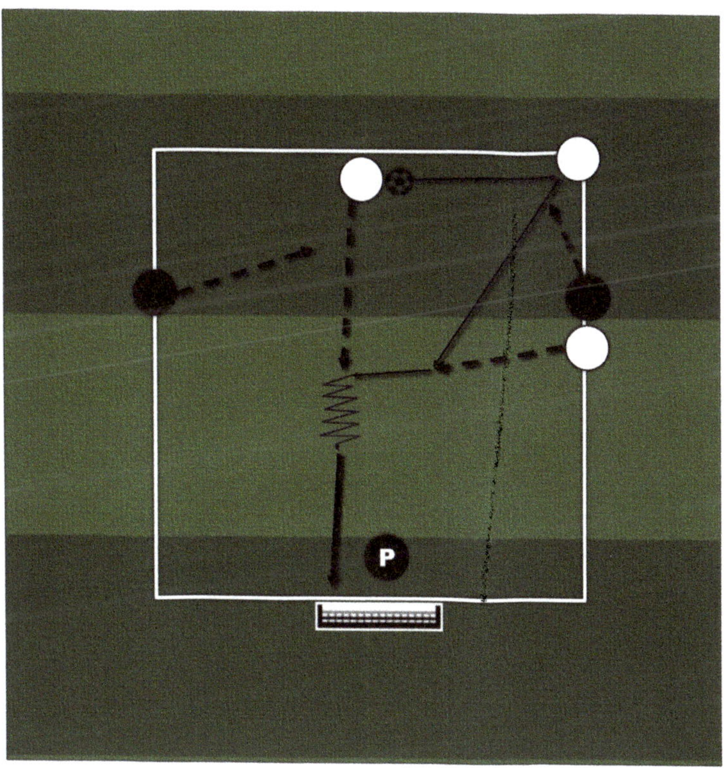

Tâche N° 6	Principal Objectif	Améliorer le concept d'attraction pour passer
	Joueurs	5 (2x3)

Explication

Les joueurs positionnés comme dans l'image passeront le ballon entre eux, au milieu un joueur essaiera d'intercepter la passe en pouvant se déplacer latéralement dans le couloir et un autre derrière chacun d'eux entrera pour appuyer quand ils recevront (quand le ballon n'est pas dans la case, ils seront éliminés) et l'équipe qui a le ballon ne pourra pas passer tant qu'elle n'entrera pas pour appuyer dans la case.

Tâche N° 7	Principal Objectif	Améliorer le concept d'attraction pour passer
	Joueurs	7 (4x3)

Explication

Les joueurs positionnés comme dans l'image passeront le ballon entre eux, au milieu un joueur entrera pour appuyer, quand il le fait ils passeront à l'homme libre dans l'autre zone pour garder le ballon.

Tâche N° 8	Principal Objectif	Améliorer le concept d'attraction pour passer
	Joueurs	6 (2+2x2)

Explication

Les joueurs positionnés comme dans l'image passeront le ballon entre eux, au milieu les joueurs iront à la presse mais ils ne pourront le faire que dans une des zones. Les joueurs qui ont le ballon lorsqu'ils attirent l'adversaire passent le ballon sur l'autre case.

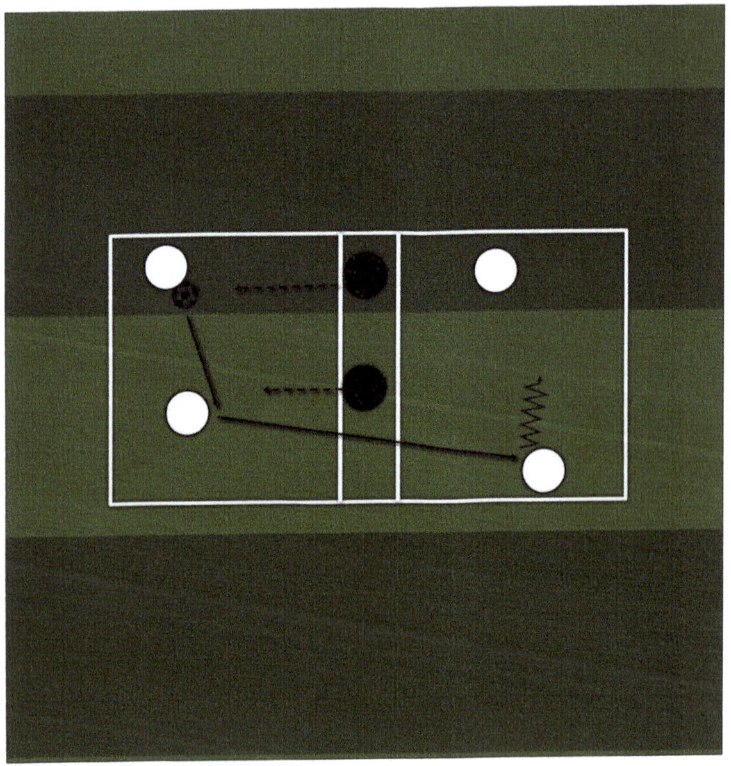

Tâche N° 9	Principal Objectif	Améliorer le concept d'attraction pour passer
	Joueurs	10 (1+4x4+1)

Explication

Dans un carré divisé en deux parties, une équipe a le ballon en une moitié et l'autre équipe va essayer de le récupérer avec 4 joueurs qui pressent et un autre qui intercepte des passes sur la ligne de démarcation. Lorsque l'équipe propriétaire a attiré tous les joueurs de l'équipe rivale, elle passe au coéquipier qui se trouvait dans l'autre moitié, le joueur qui lui a passé le ballon reste là où il a commencé et les autres joueurs vont dans l'autre moitié pour attirer le rival, sauf un (du rival) qui intercepte dans la ligne de démarcation. Si une équipe se rétablit, les rôles changent.

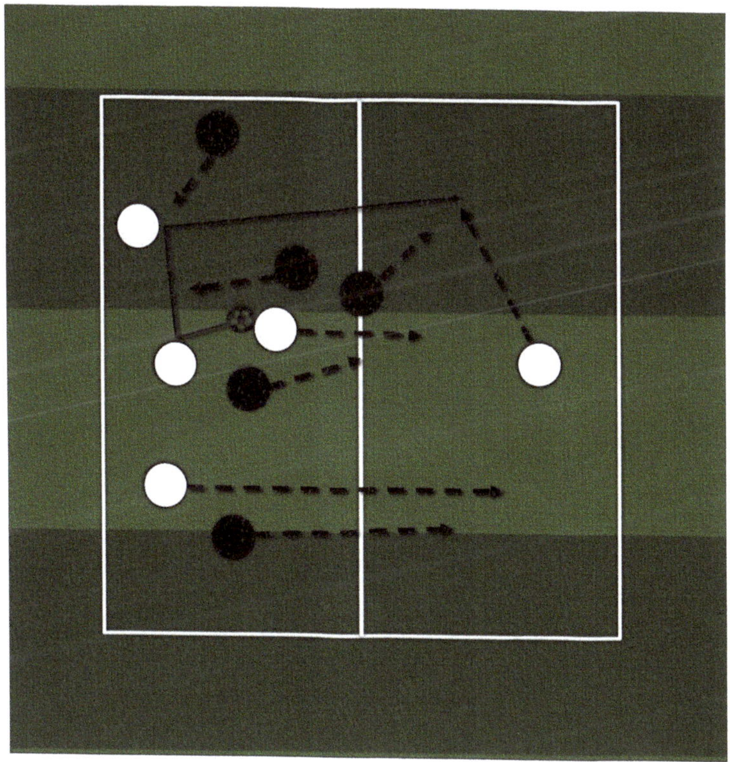

Tâche N° 10	Principal Objectif	Améliorer le concept d'attraction pour passer
	Joueurs	9 (4x4+C)

Explication

Dans un carré divisé en deux parties et avec les joueurs répartis comme dans l'image. Une équipe doit garder le ballon et attirer les adversaires pour changer l'espace où il est joué. Le joker participera avec l'équipe qui a le ballon, ce qui laissera toujours un joueur au milieu où il n'est pas joué pour jouer avec lui et changer l'espace de jeu. Si une équipe vole, elle changera de rôle.

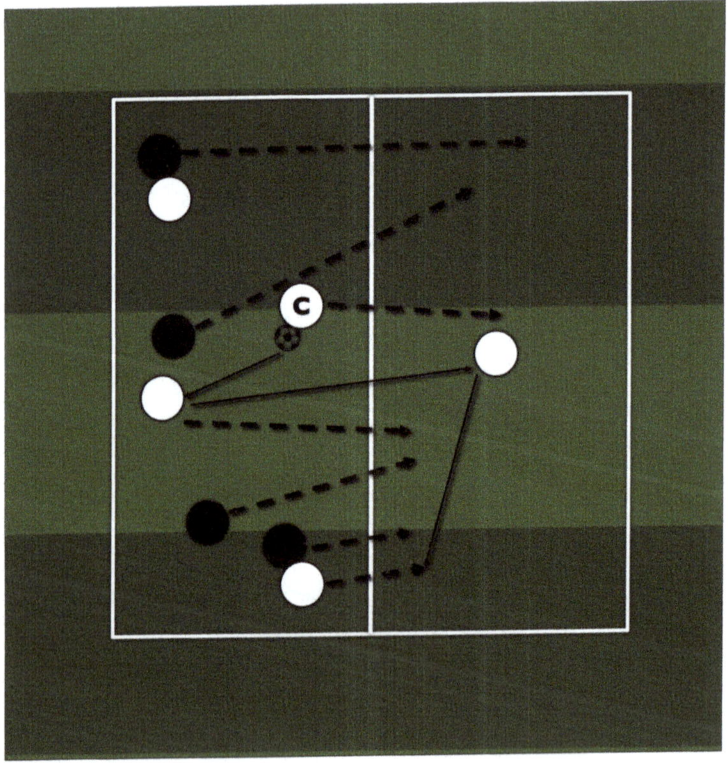

Tâche N° 11	Principal Objectif	Améliorer le concept d'attraction pour passer
	Joueurs	8 (4x4)

Explication

Dans un carré divisé en deux parties, une équipe doit garder le ballon en l'air en attirant les joueurs adverses d'une moitié à l'autre. Lorsqu'ils font entrer l'équipe adverse dans la moitié du terrain où se trouve le ballon, ils passent au coéquipier qui se trouve dans l'autre moitié et il est pressé par un adversaire qui se trouve à l'extérieur. Les joueurs se rendent à cette mi-temps, laissant le joueur qui est passé attendre leur retour et un adversaire à l'extérieur pour faire pression sur lui lorsqu'il reçoit. Si l'autre équipe se rétablit, les rôles changent.

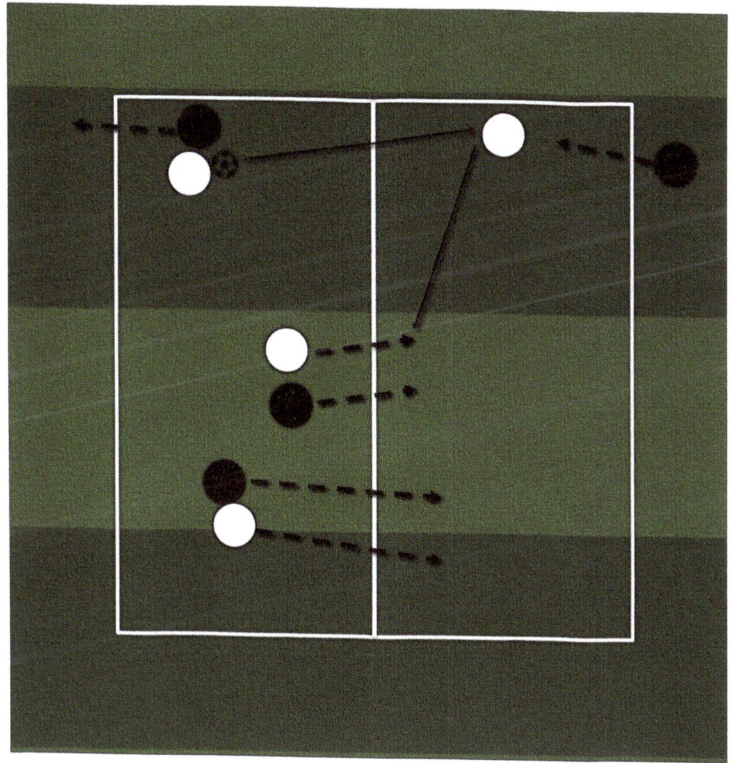

Tâche N° 12	Principal Objectif	Améliorer le concept d'attraction pour passer
	Joueurs	9 (1+C+3x3+1)

Explication

Dans un carré divisé en deux triangles (comme dans l'image). L'équipe propriétaire attirera l'adversaire dans l'un des triangles et lorsqu'elle le fera, elle jouera avec le joueur qu'elle a laissé dans l'autre, qui sera pressé par le joueur de l'équipe adverse qui était à l'extérieur. Lorsqu'ils changent de triangle, l'équipe propriétaire laisse un joueur dans l'autre triangle pour recevoir et celui qui n'a pas le ballon à un joueur à l'extérieur. Le joker ne peut pas changer le ballon du triangle. Si l'adversaire récupère, les rôles changent.

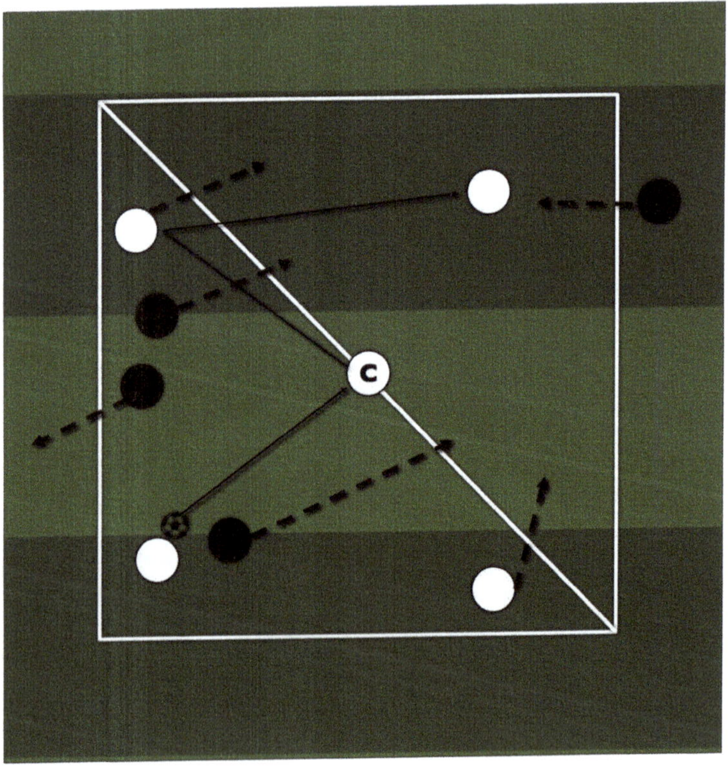

Tâche N° 13	Principal Objectif	Améliorer le concept d'attraction pour passer
	Joueurs	12 (8x4)

Explication

Les équipes situées comme sur l'image. L'équipe noire a le ballon lorsqu'ils sont à égalité en nombre dans leur case jouera avec les coéquipiers d'une autre case pour garder le ballon.

Tâche N° 14	Principal Objectif	Améliorer le concept d'attraction pour passer
	Joueurs	11 (7x4)

Explication

Les équipes situées comme sur l'image. L'équipe blanche située sur les lignes de démarcation et l'équipe noire, libre de ses mouvements, essaieront de les attirer sur les cases pour leur faire passer le ballon dans d'autres zones. Les joueurs de l'équipe blanche devront faire pression à partir des lignes et des coordonnées.

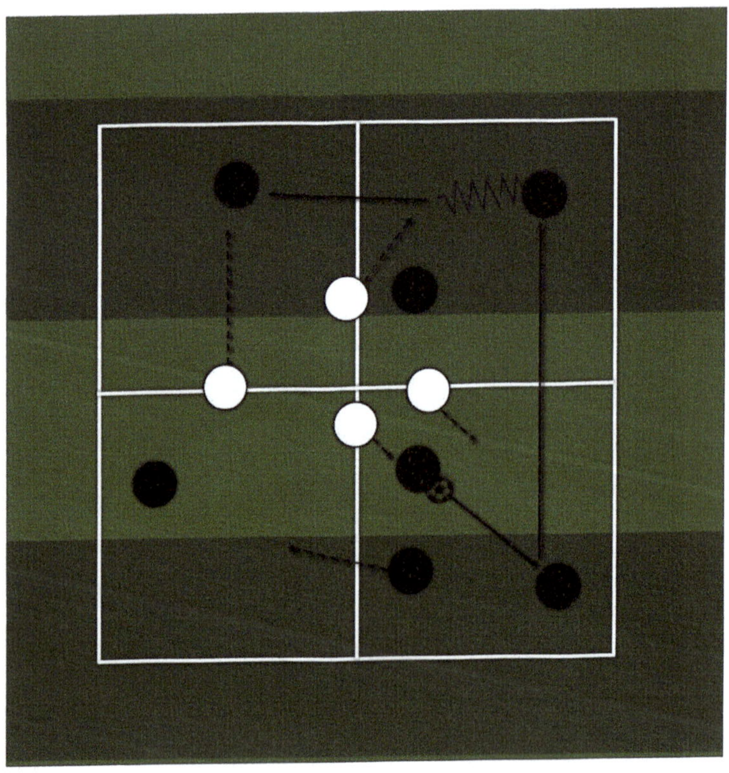

Tâche N° 15	Principal Objectif	Améliorer le concept d'attraction pour passer
	Joueurs	10 (4x4+2)

Explication

Les équipes situées comme sur l'image. L'équipe noire fait soutenir la balle par les jokers et sans quitter sa zone. Lorsqu'ils sont à égalité en nombre dans leur case, ils jouent avec les coéquipiers d'une autre case ou avec un joker pour garder la balle. Les jokers auront une liberté de mouvement et les équipes changeront de rôle si l'adversaire récupère le ballon.

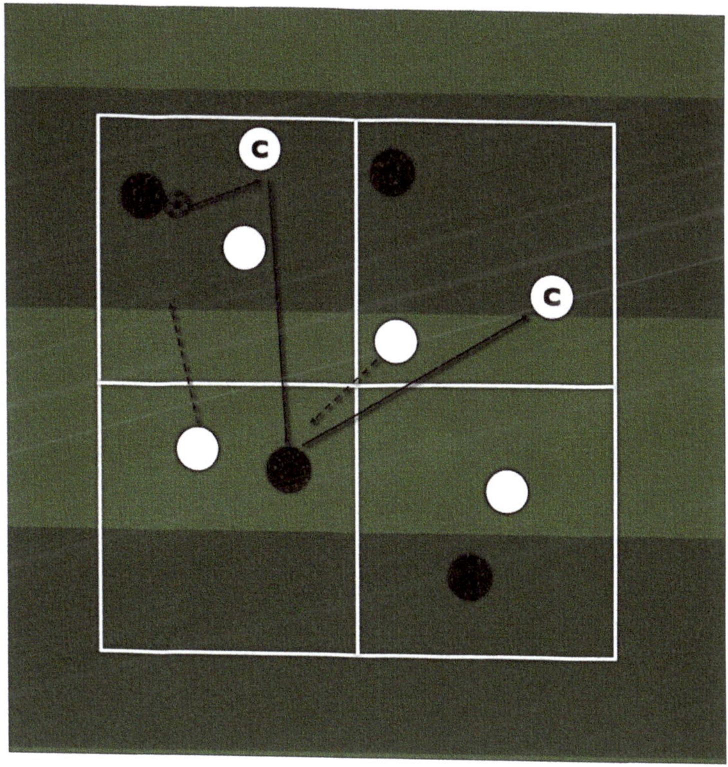

Tâche N° 16	Principal Objectif	Améliorer le concept d'attraction pour passer
	Joueurs	9 (4x4+C)

Explication

Les joueurs répartis comme dans l'image. Les joueurs de l'équipe blanche pourront faire pression et auront une liberté de mouvement jusqu'à leur rétablissement. Les joueurs de l'équipe noire, chacun dans une case, ne pourront pas sortir et, soutenus par le joker, garderont la possession de la balle en cherchant les joueurs libres lorsqu'ils attirent les adversaires. Lorsqu'ils perdent le ballon, ils changent de rôle.

Tâche N° 17	Principal Objectif	Améliorer le concept d'attraction pour passer
	Joueurs	7 (4x3)

Explication

Les équipes situées comme sur l'image. L'équipe noire a le ballon et le joueur blanc qui va à la pression de la case, va libérer un joueur de l'équipe noire et pourra jouer avec lui.

Tâche N° 18	Principal Objectif	Améliorer le concept d'attraction pour passer
	Joueurs	10 (5x5)

Explication

Les équipes situées comme sur l'image. L'équipe noire a le ballon et alterne la case intérieure et la case extérieure en fonction de l'endroit où se trouve l'équipe adverse. S'ils parviennent à les placer tous dans la grande place, ils se placeront dans la petite et lorsqu'ils les auront à l'intérieur, ils emmèneront le ballon dans la grande pour les attirer à nouveau. Si l'équipe blanche vole, ils changent de rôle.

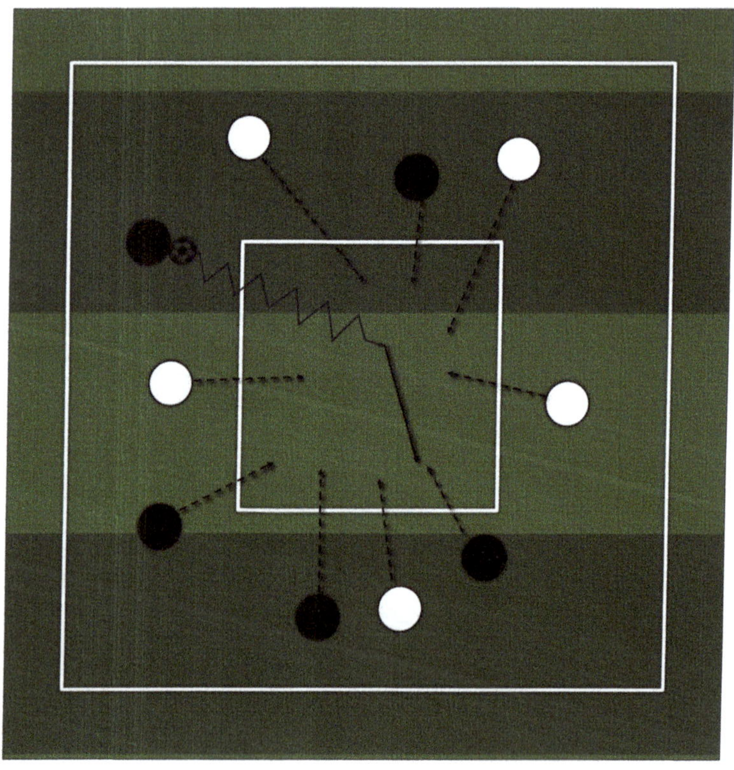

Tâche N° 19	Principal Objectif	Améliorer le concept d'attraction pour passer
	Joueurs	9 (4x4+C)

Explication

Une équipe a le ballon et provoque l'adversaire à le quadriller. L'équipe qui se trouve en dehors des coordonnées d'entrée pour appuyer et quand ils le font, l'équipe qui a le ballon passe au joker dans l'autre case. Si un seul joueur entre pour appuyer, il peut passer le ballon à l'autre case. Lorsqu'ils reçoivent le joker. Il laissera le ballon là, se rendra sur l'autre case et l'autre équipe devra à nouveau entrer et appuyer sur l'autre case et elle passera à nouveau au joker. S'ils volent ou interceptent le ballon, ils changent de rôle.

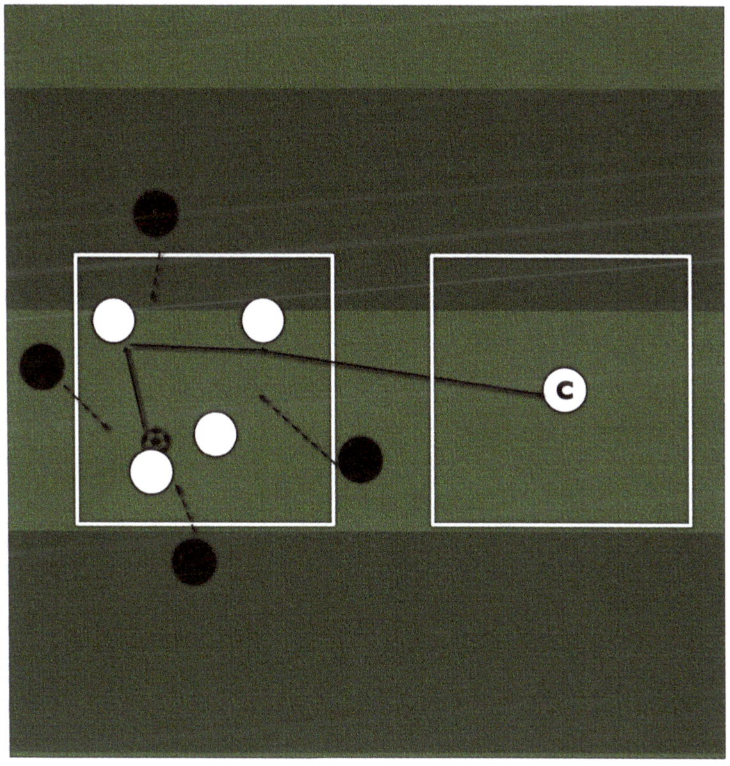

Tâche N° 20	Principal Objectif	Améliorer le concept d'attraction pour passer
	Joueurs	10 (5x4+1)

Explication

Une équipe a le ballon et provoque l'adversaire à le mettre au carré. L'équipe qui est à l'extérieur des coordonnées pour entrer pour appuyer et quand ils le font l'équipe qui a le ballon passera au joueur de l'autre carré (si un seul joueur passe à l'intérieur pour appuyer ils pourront passer le ballon à l'autre carré). Lorsqu'ils reçoivent le joueur libre dans l'autre carré, ils attendent que tous leurs coéquipiers, sauf un, qui reste là où ils ont commencé à attendre la passe, viennent sur le carré pour tenir le ballon. L'autre équipe devra se rendre sur l'autre case et appuyer sur le ballon pour trouver le joueur libre. S'ils volent ou interceptent le ballon, ils changent de rôle.

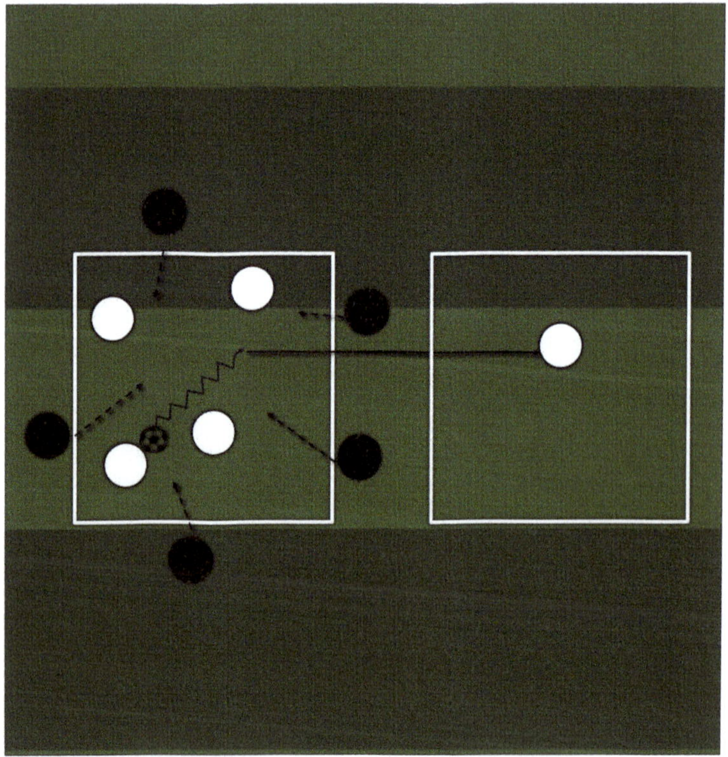

Tâche N° 21	Principal Objectif	Améliorer le concept d'attraction pour passer
	Joueurs	10 (4x4+C+C)

Explication

Dans un rectangle divisé en deux carrés, les joueurs sont placés dans la mise en page de l'image. L'équipe qui a le ballon (blanche) essaie de garder le ballon dans la case et lorsqu'elle considère, attire ou ressent une pression, pour garder la possession, elle peut jouer avec le joker dans l'autre case et aller garder la possession dans l'autre moitié. Les jokers attendront dans chaque case pour être joués. Si l'équipe noire se rétablit, elle changera de rôle.

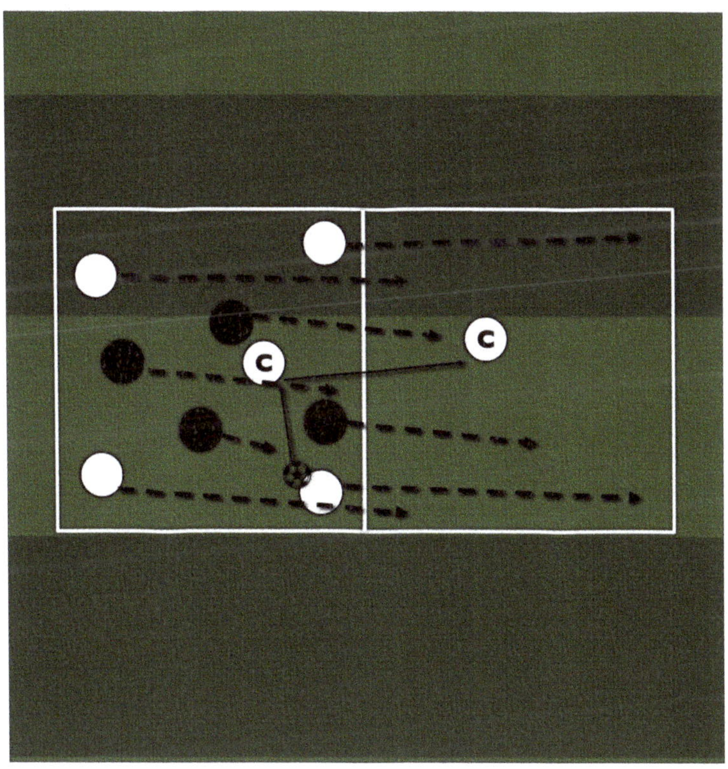

Tâche N° 22	Principal Objectif	Améliorer le concept d'attraction pour passer
	Joueurs	15 (8x7)

Explication

Dans un rectangle divisé en deux carrés, les joueurs sont placés dans la mise en page de l'image. L'équipe qui a le ballon (blanche) va essayer d'attirer 4 joueurs (de l'équipe noire) sur une des cases pour essayer de récupérer. Lorsqu'ils réussissent, ils passent à l'autre moitié et tiennent jusqu'à ce qu'ils attirent un autre joueur pour passer à nouveau.

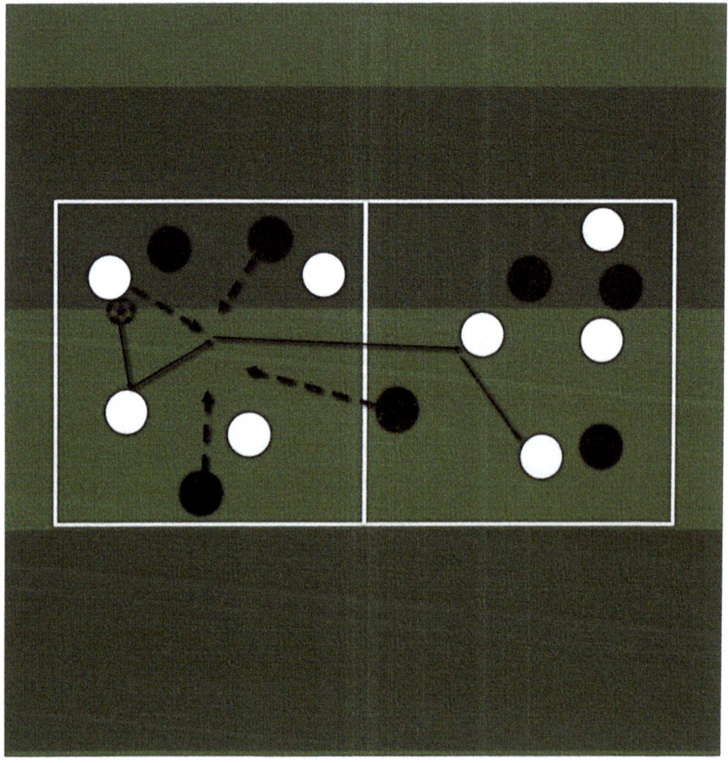

Tâche N° 23	Principal Objectif	Améliorer le concept d'attraction pour passer
	Joueurs	16 (6x6+4)

Explication

Dans un rectangle divisé en trois champs égaux, les équipes seront placées dans la mise en page de l'image. Les joueurs possédant le ballon ne peuvent pas quitter leur zone, et ils peuvent changer le ballon de l'un à l'autre pour garder la possession du ballon lorsqu'ils accumulent des adversaires dans l'un d'entre eux. Les jokers participeront avec l'équipe qui a le ballon.

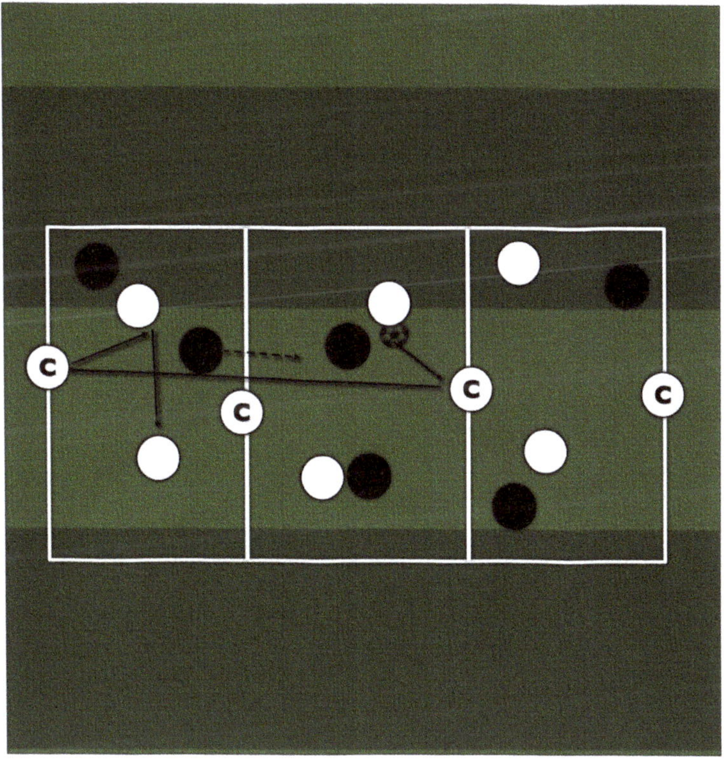

Tâche N° 24	Principal Objectif	Améliorer le concept d'attraction pour passer
	Joueurs	7 (2+C+2x2)

Explication

Dans un rectangle divisé en deux carrés et les joueurs répartis comme dans l'image. Le joker participera avec l'équipe située sur les côtés (blanche) et essaiera d'attirer l'autre équipe dans une moitié et lorsqu'elle réussira, le joker essaiera de passer à l'autre moitié et de l'attirer à nouveau. Si l'équipe noire vole, elle change de rôle avec les joueurs qui étaient dans la mi-temps où elle a volé.

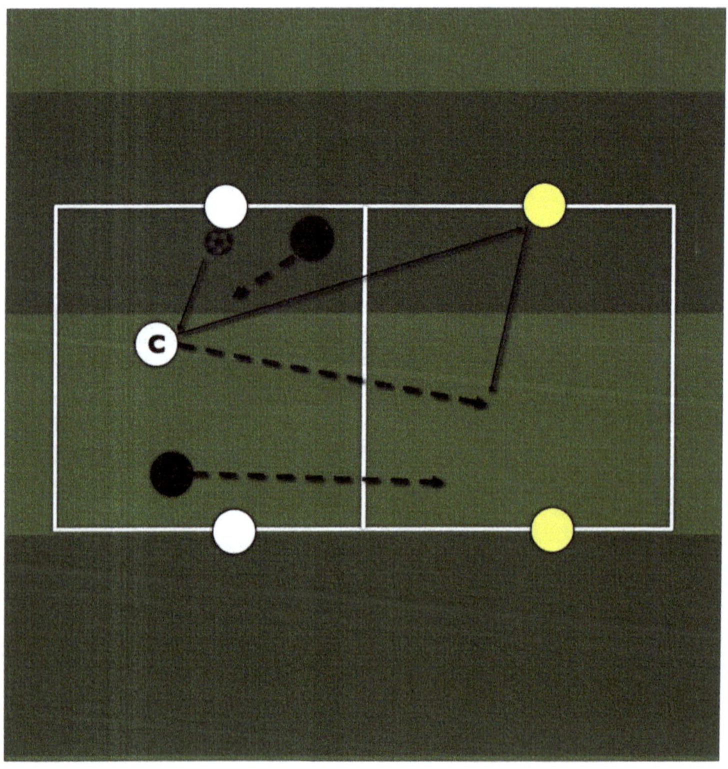

Tâche N° 26	Principal Objectif	Améliorer le concept d'attraction pour passer
	Joueurs	15 (4+C+4x2+2+2)

Explication

Dans un rectangle divisé en deux carrés, avec un passage central, le joker est placé dans le passage et les équipes sont réparties 4 contre 2 dans chaque carré, soutenues par le joker lorsqu'elles ont la possession du ballon comme sur la photo. Lorsque les joueurs de l'équipe noire dans le couloir entrent dans la case pour récupérer, l'équipe blanche peut jouer avec le joker pour jouer avec les coéquipiers dans l'autre case. Lorsqu'une équipe récupère, elle change de rôle avec les joueurs de la place qu'elle a perdue.

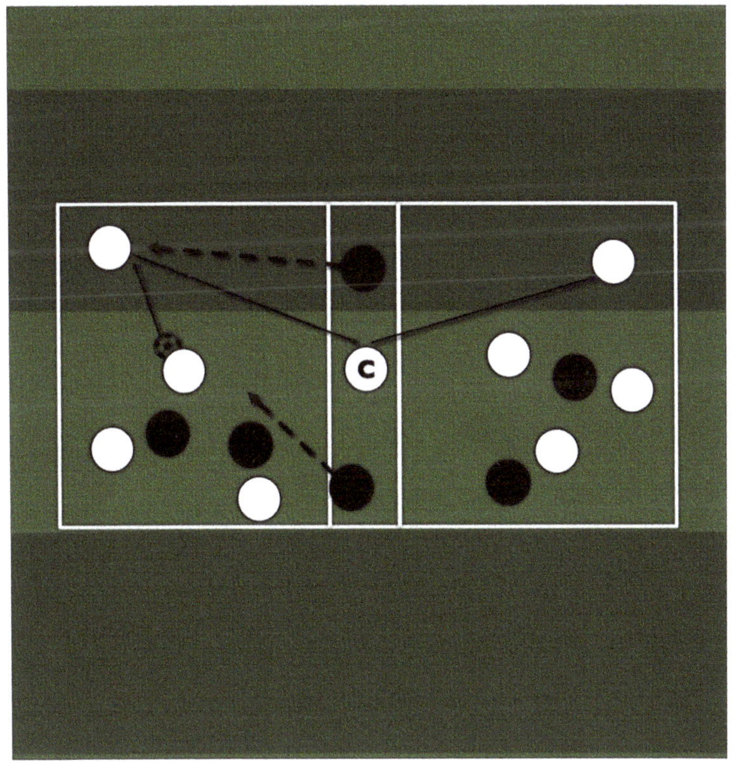

Tâche N° 27	Principal Objectif	Améliorer le concept d'attraction pour passer
	Joueurs	18

Explication

Dans un rectangle divisé en 8 parties égales, les joueurs sont répartis comme sur l'image (2 dans chaque carré, un de chaque équipe). Les jokers auront une liberté de mouvement et participeront avec l'équipe qui a le ballon. Dans l'équipe sans ballon, les joueurs pourront quitter leur place pour aider un coéquipier qui tente de se remettre en infériorité numérique. L'équipe propriétaire, une fois qu'elle a attiré et relâché un coéquipier passera pour garder le ballon. S'ils récupèrent la balle, les rôles changent.

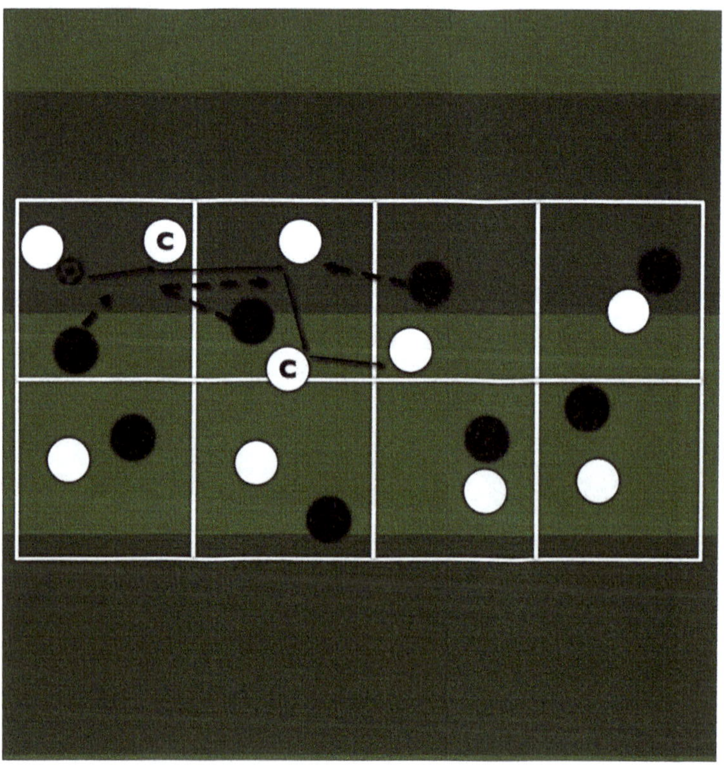

Tâche N° 28	Principal Objectif	Améliorer le concept d'attraction pour passer
	Joueurs	10 (P+4x4+C)

Explication

Dans un rectangle divisé en deux carrés, les joueurs sont placés dans la mise en page de l'image. L'équipe qui a le ballon (blanche) essaie d'attirer l'autre équipe (noire) avec le ballon dans la case qui se trouve à l'opposé du but. L'équipe noire entrera pour appuyer et l'équipe blanche essaiera de jouer avec le joker pour tirer au but. Si l'équipe noire se rétablit, les rôles changent.

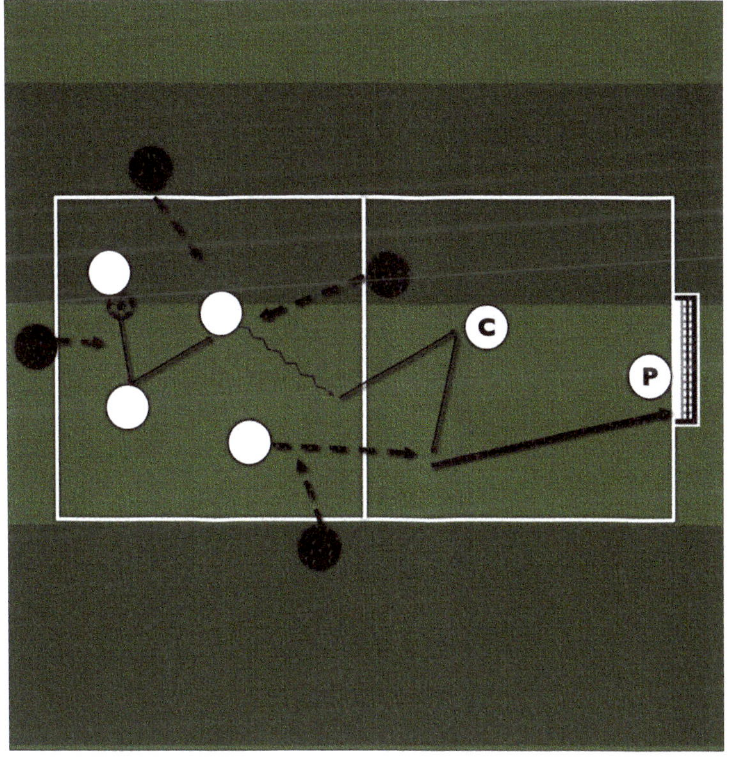

Tâche N° 29	Principal Objectif	Améliorer le concept d'attraction pour passer
	Joueurs	11 (1+4x3+2+P)

Explication

Dans un rectangle avec un couloir près du but, deux équipes sont placées comme sur la photo. Une équipe gardera le ballon et tentera d'attirer l'un des deux joueurs rivaux dans le couloir pour qu'il passe au joueur qui se trouve devant elle pour terminer et tirer au but. Si une équipe récupère le ballon, les rôles changent.

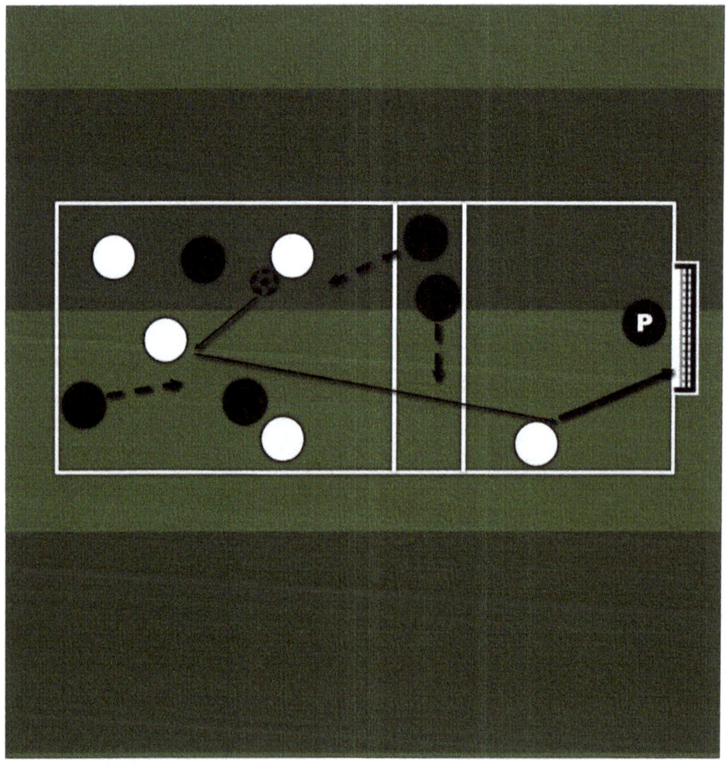

Tâche N° 30	Principal Objectif	Améliorer le concept d'attraction à l'attaque
	Joueurs	10 (P+4x4+C)

Explication

Dans un rectangle divisé en deux carrés, les joueurs sont placés dans la mise en page de l'image. L'équipe qui a la balle (blanche) va essayer d'attirer un des joueurs de l'équipe noire sur la ligne pour qu'ils pressent et essaient de récupérer. Lorsqu'ils vont appuyer, ils peuvent faire passer les joueurs non marqués à l'autre terrain pour attaquer. S'ils récupèrent la balle, ils changeront de rôle.

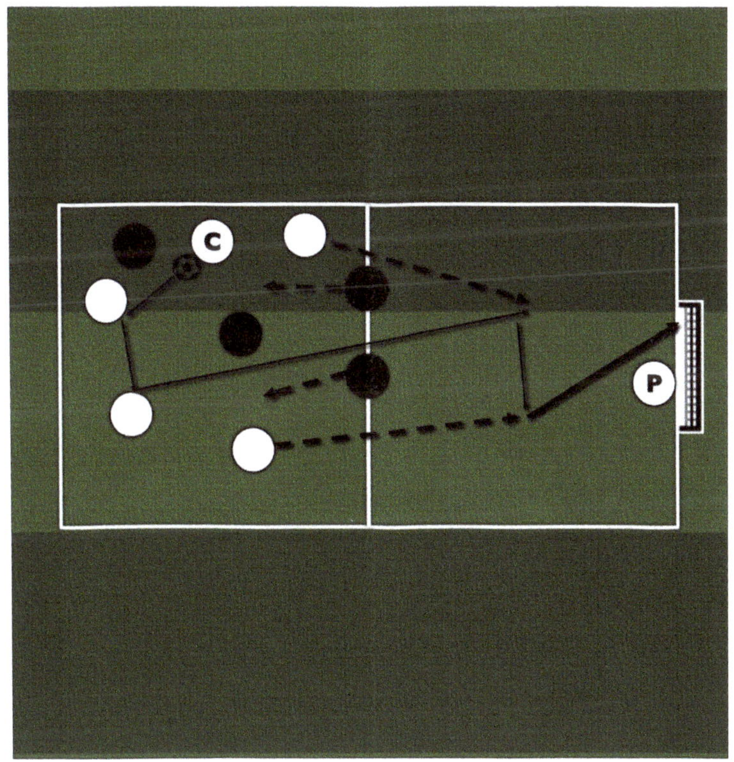

Tâche N° 31	Principal Objectif	Améliorer le concept d'attraction pour passer
	Joueurs	10 (P+4x4+C)

Explication

Dans un rectangle divisé en deux carrés, les joueurs sont placés dans la mise en page de l'image. L'équipe qui n'a pas le ballon (noire) essaiera de presser ou d'anticiper l'équipe blanche, qui lorsqu'elle attirera un joueur de l'équipe noire à l'intérieur pourra passer le joker pour attaquer et marquer un but. S'ils récupèrent la balle, ils changeront de rôle.

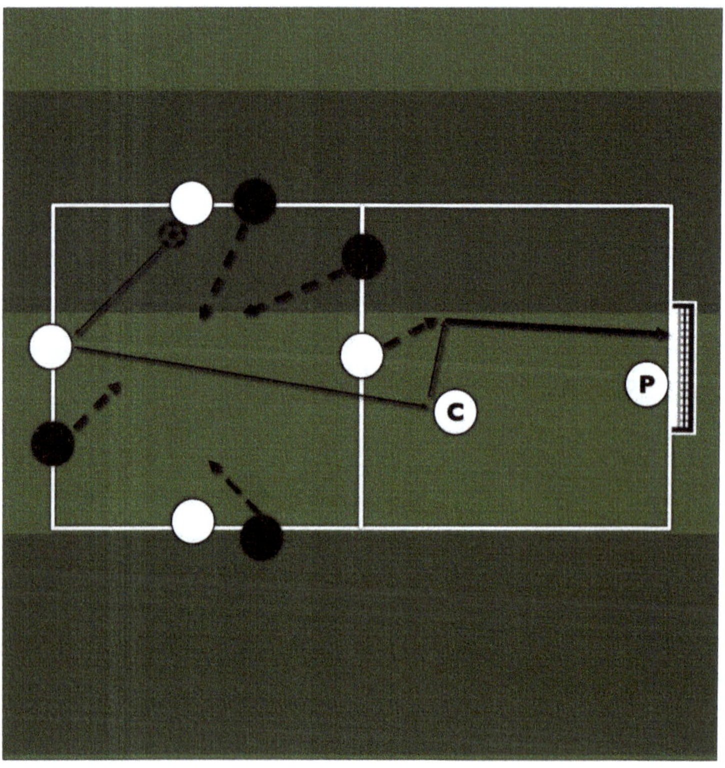

Tâche N° 32	Principal Objectif	Améliorer le concept d'attraction pour passer
	Joueurs	13 (3x3+2x4+P)

Explication

Les joueurs sont répartis comme dans l'image. Ils jouent à 3 joueurs (équipe noire) dans une case, ce qui fait entrer les joueurs de l'autre équipe (blanche). Lorsqu'ils entrent pour presser, les joueurs de l'équipe noire passent à l'un des deux joueurs extérieurs, ils sortent pour attaquer et toute l'équipe noire va attaquer le but défendu par 4 joueurs blancs et le gardien de but.

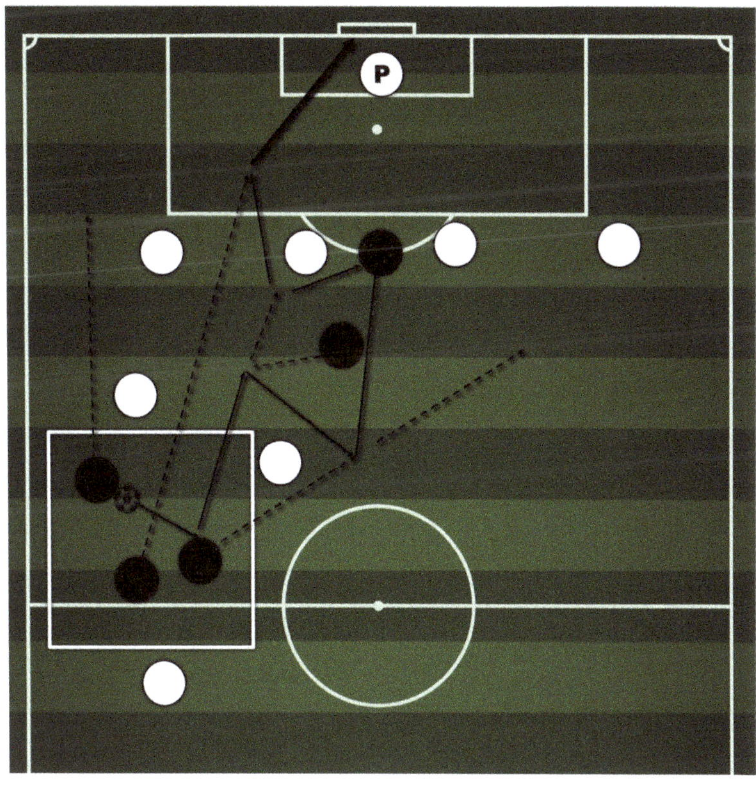

Tâche N° 33	Principal Objectif	Améliorer le concept d'attraction pour passer
	Joueurs	12

Explication

Dans un rectangle divisé en 8 parties égales, les joueurs sont répartis comme dans l'image. Les équipes tenteront de se déplacer et d'attirer la ligne opposée afin de pouvoir dépasser le partenaire qui les précède pour finir. Si l'attaquant est reçu, les défenseurs peuvent y aller et appuyer sur le tir.

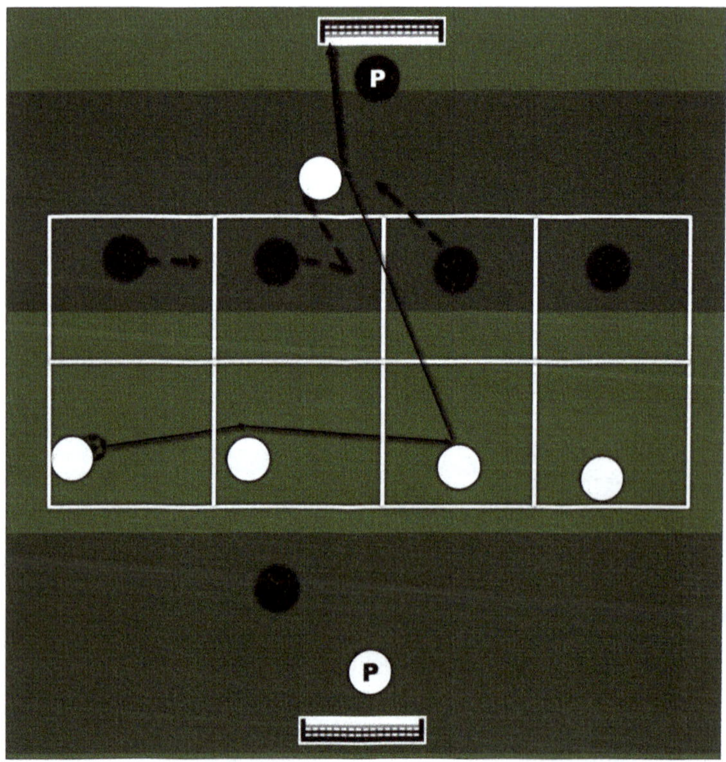

Tâche N° 34	Principal Objectif	Améliorer le concept d'attraction pour passer
	Joueurs	10 (P+4x4+P)

Explication

Dans un rectangle divisé en deux carrés, les joueurs sont placés dans la mise en page de l'image. L'équipe qui n'a pas le ballon (blanche) se coordonnera pour entrer dans la case à presser (3 joueurs). L'autre équipe (noire) attirera l'adversaire et lorsqu'ils entreront pour appuyer, les trois joueurs de l'équipe blanche joueront avec l'homme libre pour pouvoir attaquer le but. S'il vole, l'équipe noire essaie de marquer des points et les rôles changent.

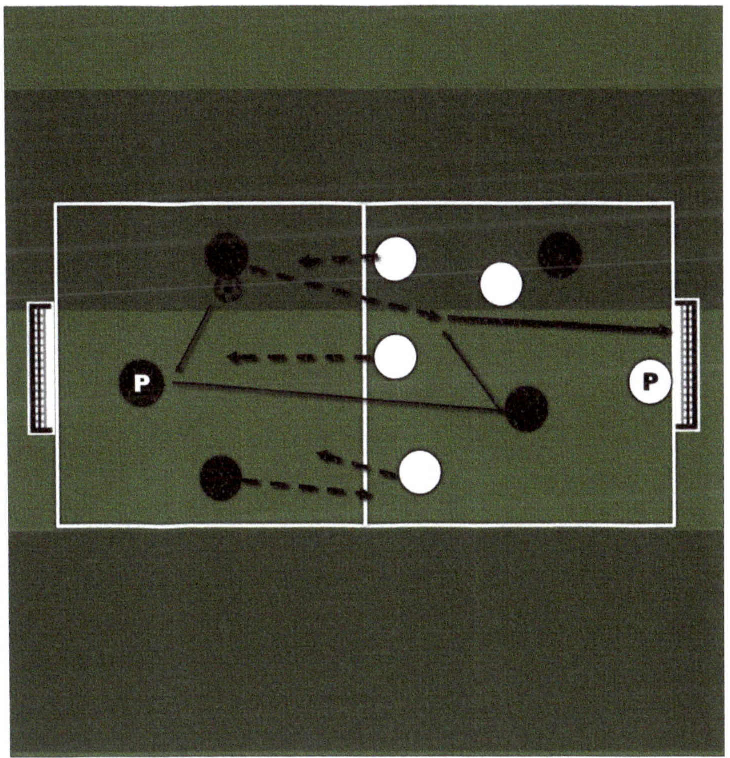

Tâche N° 35	Principal Objectif	Améliorer le concept d'attraction pour passer
	Joueurs	10 (P+1+3x3+1+P)

Explication

Dans un rectangle divisé en trois champs égaux, les joueurs seront répartis 3 dans la zone centrale et un sur la ligne. Les joueurs sur les lignes ne pourront intercepter que les passes en défense et en attaque ; ils attendront que leurs coéquipiers attirent les adversaires pour recevoir en profondeur et attaquer le but adverse.

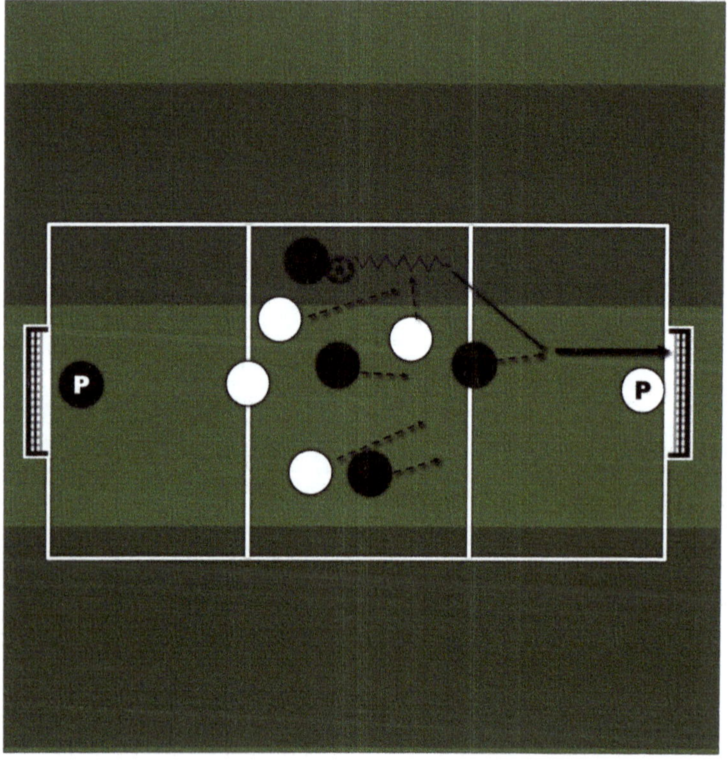

Tâche N° 36	Principal Objectif	Améliorer le concept d'attraction pour passer
	Joueurs	10

Explication

Dans un rectangle divisé en trois champs égaux et les joueurs répartis comme sur l'image. Ils ne peuvent changer de terrain qu'en poussant le ballon pour provoquer une supériorité numérique, attirer des adversaires, libérer des coéquipiers et leur passer le ballon quand ils sont libres.

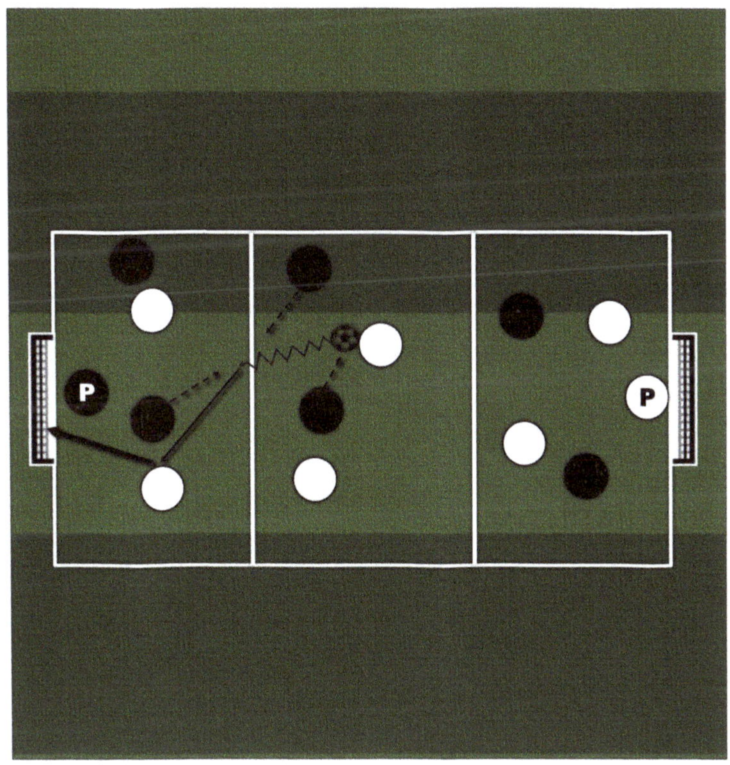

Tâche N° 37	Principal Objectif	Améliorer le concept d'attraction pour passer
	Joueurs	10

Explication

Les acteurs répartis comme dans l'image. Chaque équipe, lorsqu'elle a le ballon, essaie de s'élancer dans le couloir près de son but pour attirer l'adversaire et passer au coéquipier le plus avancé et terminer. Seuls les joueurs possédant le ballon pourront changer d'espace.

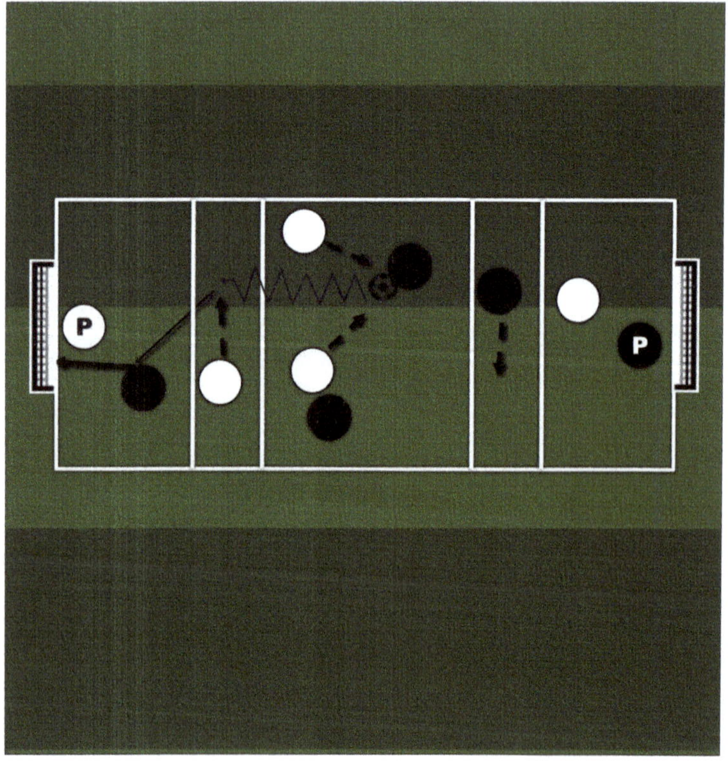

Tâche N° 38	Principal Objectif	Améliorer le concept d'attraction pour passer
	Joueurs	10 (1+P+3x4+P)

Explication

Dans un carré divisé en deux parties avec deux buts et des gardiens de but, ne laissant à l'équipe avec le ballon qu'un seul joueur dans une moitié. Les équipes tenteront d'attirer les adversaires (qui presseront le ballon) dans une moitié de terrain, passeront au coéquipier libre et attaqueront rapidement vers le but lorsque tous les adversaires auront passé la moitié. Si une équipe se rétablit, elle change de rôle avec l'autre équipe.

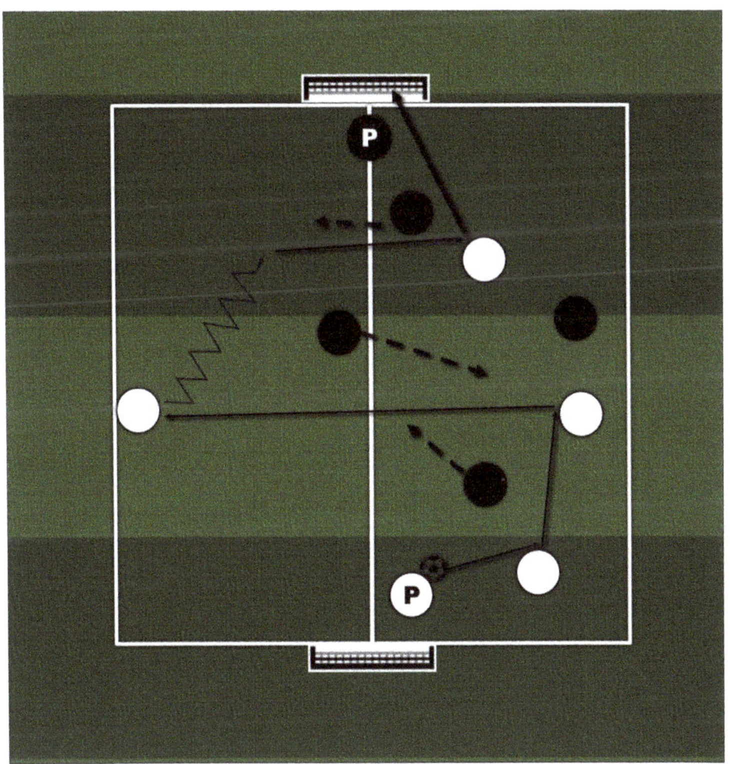

Tâche N° 39	Principal Objectif	Améliorer le concept d'attraction pour passer
	Joueurs	10 (P+4x4+P)

Explication

Dans un carré divisé en deux parties avec deux buts et des gardiens de but répartis comme dans l'image. Les équipes essaieront de garder la possession du ballon dans la moitié de terrain où leurs buts ne sont pas d'attirer l'adversaire. Lorsque l'équipe adverse est au milieu, ils passent le gardien de but en tant que joueur libre et attaquent le but adverse. Si l'équipe adverse vole, ils changeront de rôle.

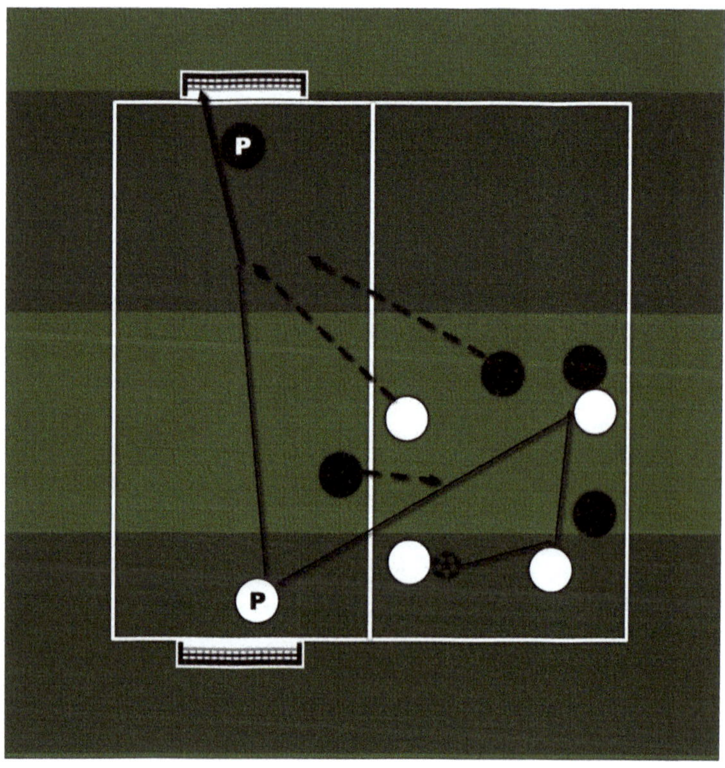

Tâche N° 40	Principal Objectif	Améliorer le concept d'attraction pour passer
	Joueurs	14 (P+6x6+P)

Explication

Dans un rectangle divisé en trois champs égaux, les équipes seront placées dans la mise en page de l'image. Les joueurs ne peuvent changer de terrain que pour défendre. Chaque équipe essaiera d'attirer des joueurs de la zone voisine pour passer aux coéquipiers qui sont en avant libre et qui attaquent le but opposé. Lorsqu'une équipe récupère, les rôles changent.

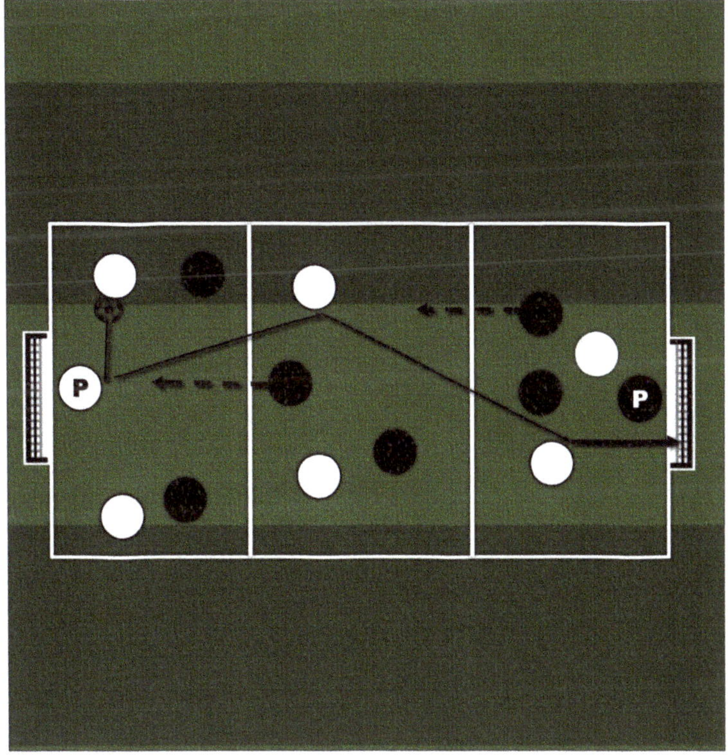

Tâche N° 41	Principal Objectif	Améliorer le concept d'attraction pour passer.
	Joueurs	8 (P+3x3+P)

Explication

Les joueurs et le terrain sont répartis comme dans l'image. L'équipe qui défend peut changer de zone et seul le gardien de but peut le faire. Ils tenteront d'attirer les adversaires qui presseront toujours le ballon et passeront le joueur libre d'une autre zone pour marquer un but.

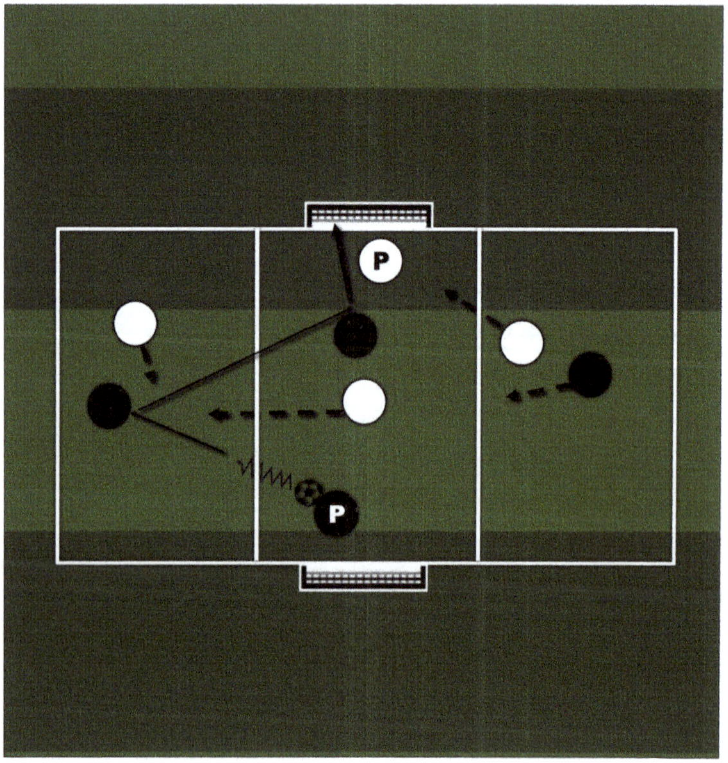

Tâche N° 42	Principal Objectif	Améliorer le concept d'attraction pour passer
	Joueurs	8 (P+3x3+P)

Explication

Les joueurs et le terrain sont répartis comme dans l'image. L'équipe qui n'a pas le ballon peut changer de zone. L'équipe qui a le ballon essaiera d'attirer des joueurs pour laisser un homme libre et jouer avec lui pour marquer un but.

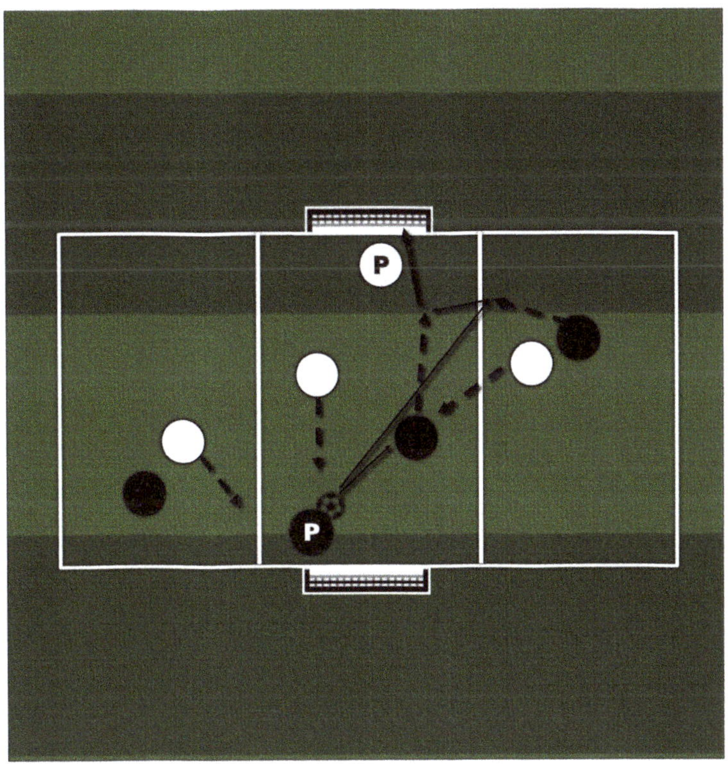

Tâche N° 43	Principal Objectif	Améliorer le concept d'attraction pour passer
	Joueurs	8 (P+3x3+P)

Explication

Les joueurs et le terrain sont répartis comme dans l'image. L'équipe qui a le ballon peut changer de zone. Ils tenteront de provoquer des situations de supériorité pour attirer des rivaux, laisser un homme libre et jouer avec lui pour marquer un but.

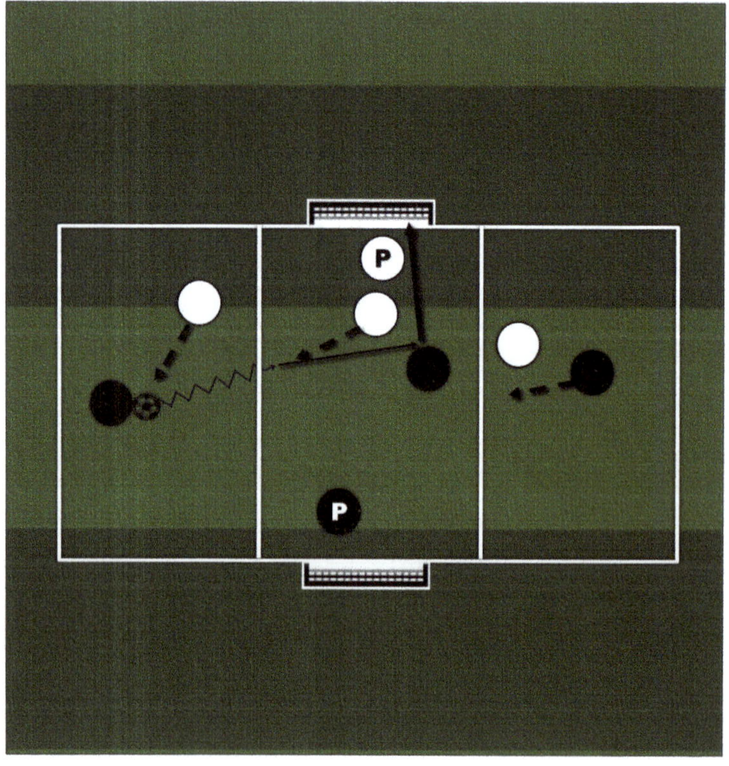

Tâche N° 44	Principal Objectif	Améliorer le concept d'attraction pour passer
	Joueurs	8 (P+3x3+P)

Explication

Les joueurs répartis comme dans l'image, le gardien de but devra provoquer les adversaires en s'approchant du but adverse et générer des situations de 2 contre 1 ou attirer les joueurs de l'équipe adverse pour passer le joueur qui est libre d'avancer et de marquer un but. Si l'adversaire vole, il essaie de marquer et les rôles changent.

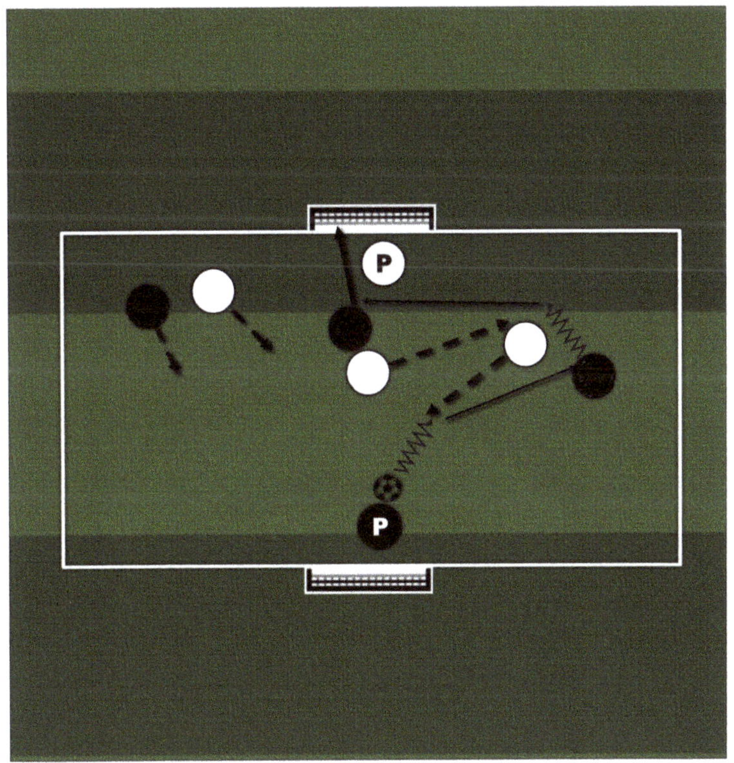

Tâche N° 45	Principal Objectif	Améliorer le concept d'attraction pour passer
	Joueurs	18 (P+8x8+P)

Explication

Les joueurs sont répartis comme dans l'image. Les joueurs de chaque zone décideront d'aller presser quand le ballon sera dans la zone suivante. Les joueurs avec le ballon attireront les joueurs de l'autre équipe pour passer aux attaquants et attaquer le but. Lorsqu'une équipe récupère, elle attaque vers l'autre but en attirant ses rivaux de la même manière.

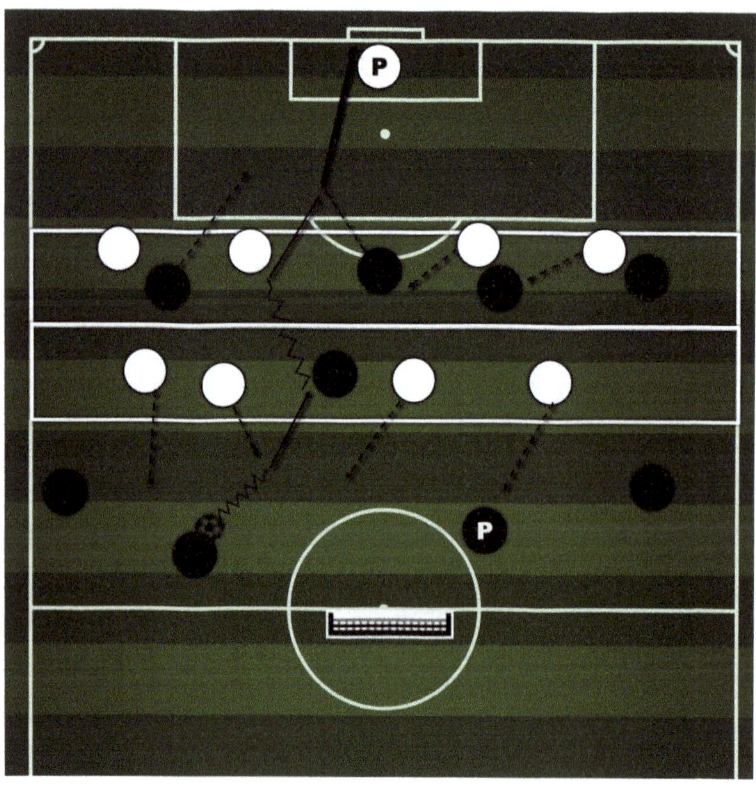

Tâche N° 46	Principal Objectif	Améliorer le concept d'attraction pour passer
	Joueurs	14 (P+2+4x4+2+P)

Explication

Les joueurs sont répartis comme dans l'image. Ils joueront 2 contre 2 au centre en ayant comme supports avec le ballon les joueurs sur les lignes et sans le ballon ils pourront les laisser à la pression ou intercepter, quand ils le font l'équipe propriétaire pourra jouer avec les joueurs les plus avancés pour finir le jeu avec la pression du joueur qui est laissé sur la ligne (s'il y en a un).

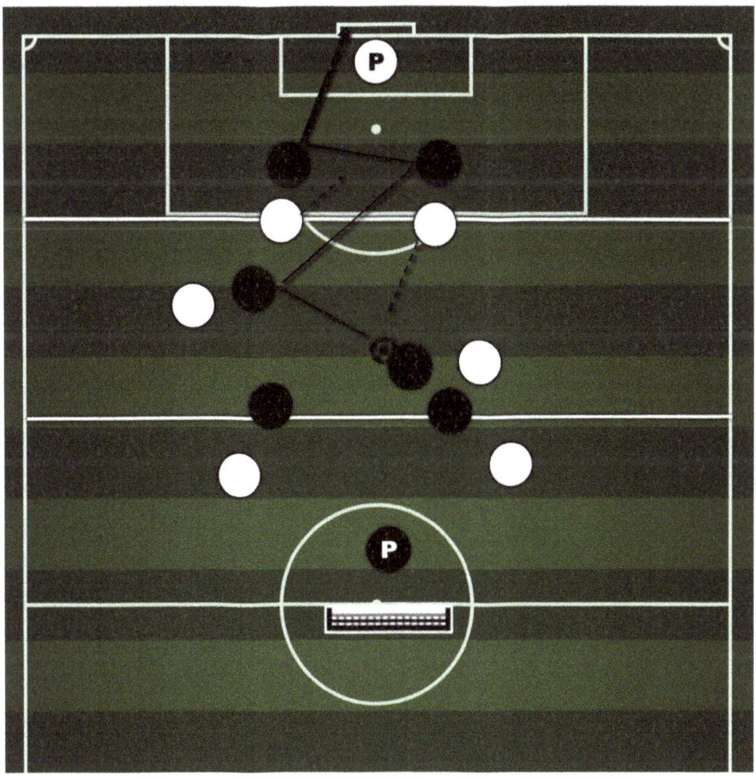

Tâche N° 47	Principal Objectif	Améliorer le concept d'attraction pour passer
	Joueurs	22

Explication

L'équipe qui défend placera ses joueurs sur les lignes pour intercepter ou mettre la pression et celle qui a le ballon à l'intérieur des zones attirera ceux qui sont sur les lignes pour avancer et attaquer le but. La ligne la plus proche du but peut reculer si elle est dépassée par l'adversaire. Dans l'équipe qui attaque, ses joueurs peuvent changer de zone. S'ils perdent le ballon, ils changeront de rôle.

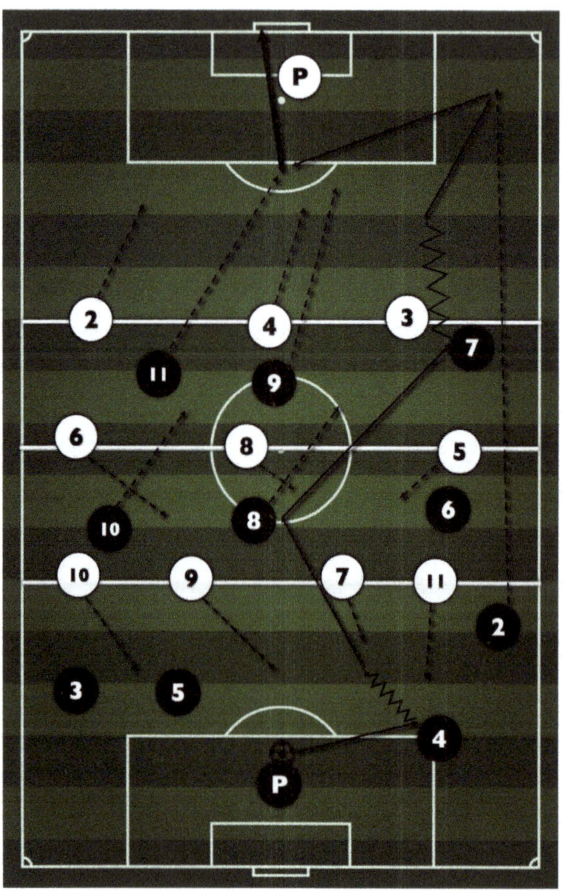

Tâche N° 48	Principal Objectif	Améliorer le concept d'attraction pour passer
	Joueurs	22

Explication

Match avec le terrain divisé comme dans l'image et les joueurs répartis de manière égale. L'équipe qui commence le jeu attirera les adversaires dans la zone où le ballon doit passer aux joueurs les plus avancés (les joueurs de l'équipe sans ballon ne pourront pas retourner dans les zones une fois qu'ils les auront quittées et que le ballon y sera arrivé). Lorsque le ballon atteint la dernière zone, tous les joueurs de la zone précédente peuvent se joindre à l'attaque pour provoquer des situations de supériorité.

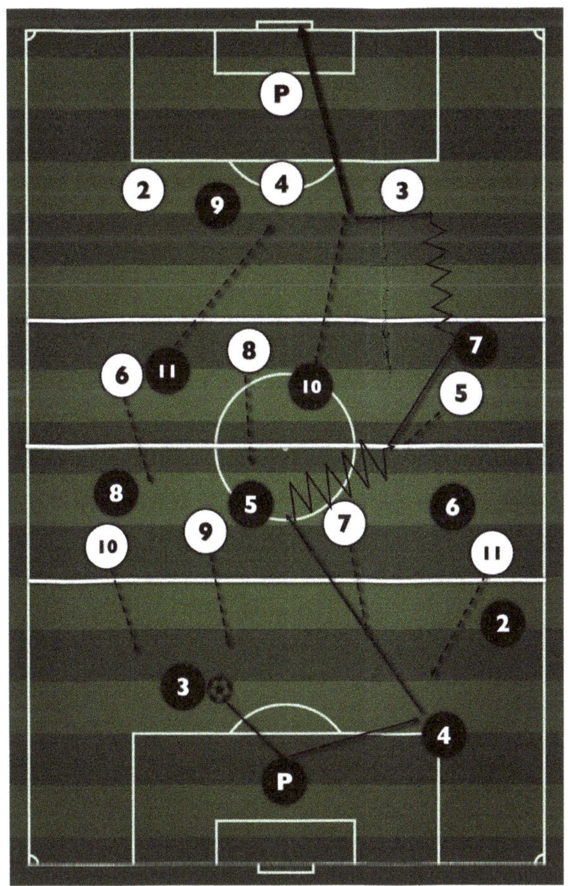

Tâche N° 49	Principal Objectif	Améliorer le concept d'attraction pour passer
	Joueurs	22

Explication

Le matériel est distribué comme dans l'image. Les joueurs ne peuvent quitter leur zone que pour défendre ou attaquer une zone éloignée de leur but. L'équipe propriétaire les poussera à se mettre sous pression et avancera en jouant avec les joueurs les plus avancés.

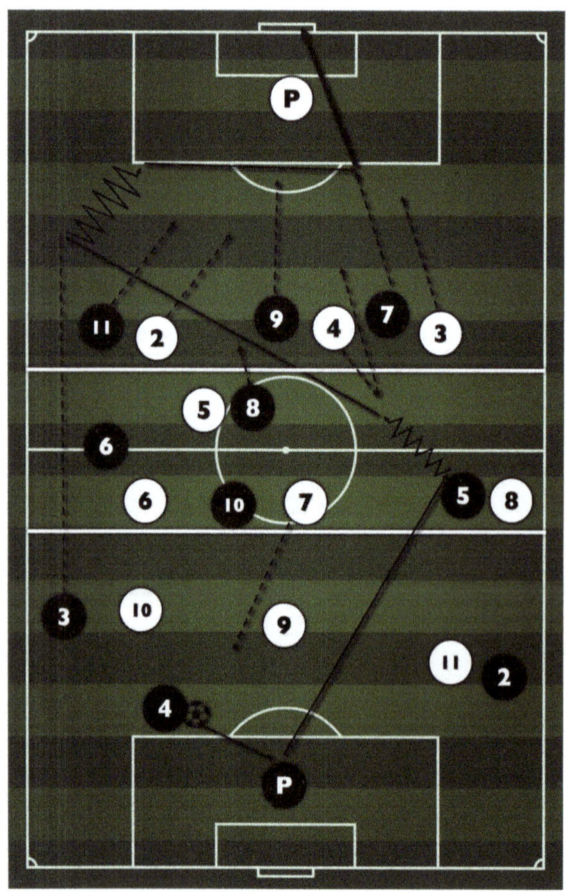

Tâche N° 50	Principal Objectif	Améliorer le concept d'attraction pour passer
	Joueurs	22

Explication

Match dont le terrain est divisé en 5 zones dans lesquelles les joueurs ne peuvent changer de zone que lorsque leur équipe a le ballon. Les joueurs avec le ballon vont essayer de passer d'une zone à l'autre en cherchant la supériorité numérique, en attirant des rivaux et en passant les joueurs qui sont libres. Dans les zones où se trouvent les buts, tous les joueurs de l'équipe défendant pourront entrer lorsque l'équipe attaquante y obtiendra le ballon.

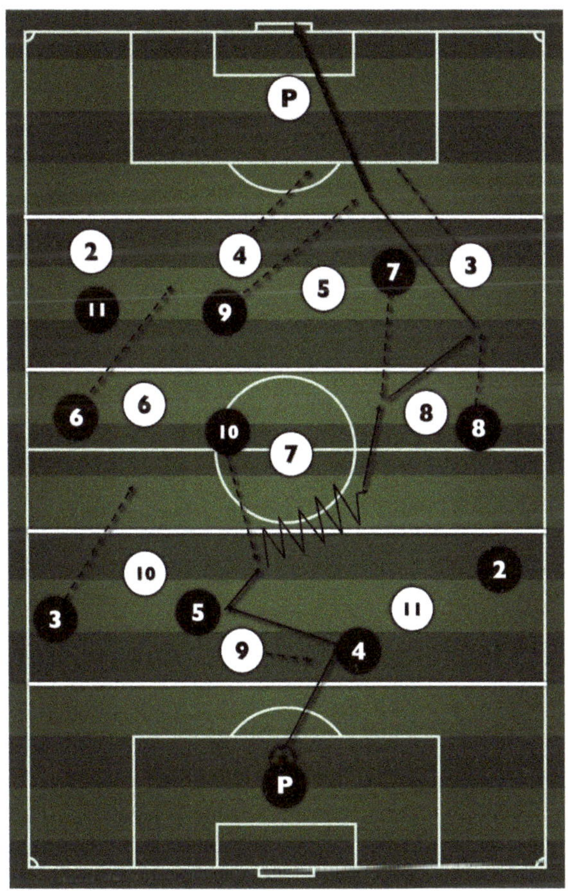

BIBLIOGRAPHIE

- Alarcón, F.; Cárdenas, D.; Clemente, V.; Collado, J. A. (Coord.); Guillén, J. C.; Jiménez, M.; Lázaro J.; Mercadé, O.; Ardoy, D. N.; Rivilla, I. y Sánchez, M. (2018): *Neurociencia, deporte y educación.* Editorial Wanceulen.

- Ballarini, F. (2016): *REC: ¿Por qué recordamos lo que recordamos y olvidamos lo que olvidamo?s.* Editorial Debate.

- Bangsbo, J. y Peitersen, B. (2002): *Fútbol: Jugar en defensa.* Editorial Paidotribo. Barcelona.

- Bargh, J. (2018): *¿Por qué hacemos lo que hacemos?: el poder del inconsciente.* Editorial Ediciones B.

- Caballero, M. (2017): *Neuroeducación de profesores y para profesores: De profesor a maestro de cabecera.* Editorial Ediciones Pirámide.

- Caneda, R. (1999): *La zona en Fútbol.* Editorial Wanceulen. Sevilla.

- Cano Moreno, Oscar (2010): *Fútbol: Entrenamiento global basado en la interpretación del juego.* Editorial Wanceulen.

- Castellano, Julen y Casamichana, David (2016): *El arte de planificar en fútbol,* Editorial Futbol de libro.

- Castellano, Julen; Casamichana, David y San Román, Jaime (2015): *Los juegos reducidos en el entrenamiento del fútbol.* Editorial Fútbol de libro.

- Castelo, J. (1999): *Fútbol. Estructura y dinámica del juego.* Editorial INDE. Barcelona.

- Couto, A. (2015): *Las grandes escuelas del Fútbol Moderno.* Editorial Fútbol de libro.

- Espar, Xesco (2010): *Jugar con el corazón: La excelencia no es suficiente.* Plataforma Editorial.

- Fradua, Luis (1997): *La visión periférica del futbolista.* Editorial Paidotribo.

- García Ocaña, Francisco (2008): *Fútbol y Fútbol sala: 250 actividades sociomotrices.* Editorial Paidotribo. Barcelona.

- Garganta, J. y Pinto, J. en Graça, A. y Oliveira, J. (1997): *La enseñanza de los juegos Deportivos.* Editorial Paidotribo.

- González, Alberto (2013): *Fútbol. Dinámica del juego desde la perspectiva de las transiciones.* Editorial Learning 11.

- Jackson, Phil (2014): *Once anillos.* Editorial Roca.

- López López, Javier (2008): *Fútbol: Alevines: 120 fichas de sesiones de entrenamiento.* Editorial Wanceulen. Sevilla.

- López López, Javier (2008): *Fútbol: Cadetes: 160 fichas de sesiones de entrenamiento.* Editorial Wanceulen. Sevilla.

- López López, Javier (2009): *400 tareas integradas para el entrenamiento de la táctica ofensiva.* Editorial Wanceulen.

- López López, Javier (2009): *500 juegos para el entrenamiento físico con balón.* Editorial Wanceulen.

- López López, Javier (2009): *Fundamentos tácticos defensivos.* Editorial Wanceulen.

- López López, Javier (2009): Fútbol: *1380 Juegos globales para el aprendizaje y perfeccionamiento de la técnica ofensiva y defensiva.* Editorial Wanceulen. Sevilla.

- López López, Javier (2009): *Fútbol: Prebenjamines: 80 fichas de sesiones de entrenamiento.* Editorial Wanceulen. Sevilla.

- López López, Javier (2013): *Fútbol: Benjamines: 80 fichas de sesiones de entrenamiento.* Editorial Wanceulen. Sevilla.

- López López, Javier (2013): *Fútbol: Infantiles: 120 fichas de sesiones de entrenamiento.* Editorial Wanceulen. Sevilla.

- López López, Javier (2013): *Fútbol: Juveniles: 160 fichas de sesiones de entrenamiento.* Editorial Wanceulen. Sevilla.

- López López, Javier (2013): *Fútbol: Senior (2013): 175 fichas de sesiones de entrenamiento.* Editorial Wanceulen. Sevilla.

- López López, Javier; Wanceulen Moreno, Antonio; Wanceulen Moreno, José F. y Bernal Ruiz, Javier (2009): *225 juegos para el entrenamiento integrado del pase en el fútbol.* Editorial Wanceulen.

- Marí, Pep (2011): Aprender de los campeones. Plataforma Editorial.

- Marí, Pep (2019): *Equipos campeones: Como convertir un buen equipo en uno mucho mejor*. Editorial Plataforma Impresa.

- Mayer, R. (1996): *Fichas de fútbol. 120 juegos de ataque y defensa*. Hispano Europea. Barcelona.

- Mora, F. (2014): *¿Cómo funciona el cerebro?* Alianza editorial.

- Mora, F. (2017): *Neuroeducación: sólo se puede aprender de aquello que se ama*. Alianza editorial.

- Pérez, Marcial (2019): *Mente Deportiva: Entrenar el cerebro para extender los límites del rendimiento*. Autoría Editorial.

- Revuelta Candón, Amalia (2016): *El cerebro decide*. Editorial Fútbol Táctico.

- Seirul´lo, F. (1999): *Criterios modernos del entrenamiento en el fútbol*. Revista Training Fútbol. Valladolid.

LES NEUROSCIENCES

APPLIQUEES AU FOOTBALL

PROPOSITION PRATIQUE

Manuel J. Crespo García

9 788418 831850